KAMEL DAOUD

MEINE NACHT IM PICASSO-MUSEUM

KAMEL DAOUD

MEINE NACHT IM PICASSO-MUSEUM

Über Erotik und Tabus in der Kunst, in der Religion und in der Wirklichkeit

Aus dem Französischen von Barbara Heber-Schärer

Kiepenheuer & Witsch

Den Frauen, die in der »arabisch« genannten
Welt oder anderswo kein Recht auf ihren
eigenen Körper haben

Adel Abdessemed,
dem Seiltänzer über dem Abgrund

»PARIS IST HEILIGER, WEISSER STEIN«

Erotik ist ein Jagdritual. Diese Riesenstadt ist im Winter kalter Stein. Eine Anordnung der Welt, in der das gelbe Licht die Rolle von Stoff übernimmt, die Brücken Schultern oder Hüften spielen und die Gebäude lauter dir zugekehrte Rücken sind. In den schönen Vierteln zeigen die Schaufenster traumhafte Brüste und Körper. Die gigantischen Plakate schüren das Begehren. Der Winter kündigt sich an, aber auf den Bildern ist die Haut in der Kälte nackt, die Reklametafeln bieten Frauen dar, die unaufhörlich lächeln und Sie erwarten. Paris ist für den, der aus dem Süden der Welt kommt, das Paradies, *el Firdaous:* Aber wegen seines Argwohns oder seines Andersseins oder seiner Armut verliert er darin seinen Körper, sein Recht auf Genuss, sein Geschlecht und seine Wärme. Stellen Sie sich vor, voller Unruhe und der göttlichen Belohnung ungewiss durch den Garten Eden zu gehen. Das Urteil ergeht nicht am Ende, sondern ständig. Die Huris – diese Frauen, die Verzweiflung und

Wunschvorstellung des Korans Ihnen nach dem Tod verheißen und die, in ewiger Jugend erstarrt, geschminkt und müßig, im Paradies allein sind – weisen Sie ab und senken ihre großen Lider über ihrem Pfauenleben, wenn Sie ihnen begegnen. Die Schaufenster sind Gebete, aber nicht die Ihren, nicht für Sie. Man kniet hier nieder, aber um durch Métro-Münder hinabzusteigen. Münder, die niemanden küssen oder zu viele auf einmal! Man betet, die Hände an den Zug geklammert. Meine Sorge, als ich in Paris ankomme, ist mein Blick, ich weiß nicht, wohin damit. Am liebsten würde ich ihn in die Tasche oder unter die Achsel stecken, ihn wegräumen, blind und höflich werden, aber er fliegt davon. Kaum an die Welt der Bilder gewöhnt, schaue ich unwillkürlich alles an. Bilder, Küsse, Elend, Gerüche, Plakate und Reflexe. Ich möchte den Okzident besitzen, aber ich kann es nicht. Im Oktober schmückt sich Paris und wird beinahe ein Leid, das sich Ihnen jedoch nicht eingesteht. Als betrachteten Sie eine weinende Frau, die Ihnen den Rücken kehrt. Im Fallen findet sie einen Weg, nicht auf Ihrer Höhe zu sein. Ich bin dieser Stadt nicht böse. Ich gehöre nicht zu den Klagenden, die dem Abendland böse sind. Nein, ich komme hierher als mittelalterlicher Schreiber, als Dieb von Perspektiven und Möglichkeiten. Nachts ist diese Stadt Neonlicht und Geschichte, Taxis und Kathedralen, eine Frau und ein Mann, die dasselbe Geschlecht haben und nicht wissen, was tun. Paris ist ein Paradies, in dem man begreift, dass man den heiligen Krieg umsonst geführt hat, die Huris Illustrationen sind und die Flüsse nicht aus Wein bestehen, Sie aber vielleicht dazu drängen, ihn in den Bistros zu trinken.

Es ist die Nacht, die ich für meine Nacht im Picasso-Museum ausgesucht habe. Ich komme mit einem Rucksack, im Taxi und zehn Minuten zu früh dort an. Der ganze Schrecken des »arabischen« Spaziergängers im Abendland ist: Was tun mit dem Zuviel an Zeit? Ziellos herumzulaufen, ist in der Zeit der Attentate nicht mehr so einfach. Herumlaufen ist fast schon töten, zumindest bedrohen oder Aufmerksamkeit erregen. So tun als ob, ist eine aussichtslose oder schwierige Kunst für den Fremden. Ich habe beschlossen, einen Rundgang durch das Viertel zu machen. Auf die alte Art. Daher lief ich zehn Minuten lang im nächtlichen Gelb der Straßenlaternen weiter. Die Rue de Thorigny rauf und runter. Was tut ein Prophet, wenn er zehn Minuten vor einer Vision ankommt? Zehn Minuten zu spät, in dieser Zeit kann man noch ein Gebet oder das Buch Hiob fabrizieren. Aber zehn Minuten zu früh? Ich weiß nicht. Keine Antwort. Meine Frau, in den letzten Tagen der Schwangerschaft, wartet in der Wohnung, die wir im XIV. Arrondissement gemietet haben. Sie weiß, dass ich spät nach Hause komme. Sie mit tausend Frauen betrüge. Aufschneidereien und Vereinigungen. Fürchte ich mich? Nein. Ich liebe diese Momente, wo ich mit der Fußspitze die Gebiete anderer erkunde, das Feld der Künste und der Sinne. Seit meiner Geburt in einem algerischen Dorf habe ich das getan, als ich im stummen Umkreis einer heimlichen Sprache las. Ich spaziere so gern auf dem Mond herum und ordne die Welt neu. Ich weiß, ich bin Träger einer Weltanschauung, die im schlimmsten Fall an meiner Stelle schwatzen wird, wenn ich den Bericht über meine heilige Nacht werde schreiben müssen. Die »Araber« sind eine alternde, geschwätzige Aristokratie. Sie kann nicht zugeben, dass sie das Glück der Welt verloren hat. Und so zieht sich die Erzählung von den vergangenen Tagen, vom Goldenen Zeitalter, in die Länge, frisst unsere Überreste und unsere Körper und verleiht uns da, wo wir keine Schuhe an den Füßen haben, den Anschein von Stolz. Ein alter Aristokrat erzählt die Geschichte der Welt besser, denn seine Sprache hat eine Milliarde Nuancen, und er hat nichts anderes zu tun, als zu kommentieren. Er kann Ihnen sein verlorenes Land in allen Einzelheiten beschreiben wie einen vollkommenen Apfel. Oder umgekehrt. Der wahre Prophet der »arabisch« genannten Länder ist Jeremias, nicht Mohammed. Lassen wir das. Meine heilige Nacht findet also hier statt, unter meinen Schuhsohlen, ich läute und man lässt mich eintreten. Die Dame, die mir öffnet, ist argwöhnisch. Sie arbeitet im Museum und ist nicht informiert worden über meinen optischen Raub der Werke ihres Meisters. Sie fragt nach, telefoniert, und alles klärt sich. Ich war nur zu früh. Man bittet mich, in der Eingangshalle zu warten, und diese Halle ist kalt und nackt und wirkt wie ein verlassener Ort, mit einer großen

Treppe, die wegführt und sich nicht um Sie kümmert. Das Schlimmste für einen Genius ist sein Tempel. Das heißt, sein Monument. Als ich den Hof überquere, fällt mir ein, dass ich Reliquien nicht mag. Ob in Gestalt von Steinen oder Gesichtern, von Folklore. Zu sehr imitieren sie Gebete oder wissendes Schweigen. Vor ihnen fühlt man sich zu einer bestimmten Haltung oder einem bestimmten Gedanken gedrängt. Das alles ist dem Gebet zu nah, als dass es für mich erträglich wäre.

In der Tradition wird erzählt, dass der Prophet eine »heilige Nacht« erlebt hat und in Lichtgeschwindigkeit von Mekka nach Jerusalem gereist ist (die nächtliche Reise), bevor er die sieben Himmel, in Stockwerke aufgeteilt wie Wolkenkratzer, durchquerte (die Himmelfahrt). Immer noch der Tradition zufolge hört er im siebten Himmel die Griffel, die das Schicksal schreiben. Ich liebe diese Metapher, die in der Begegnung mit einem Schreiber oder einer fleißigen Hand kulminiert und die das Manuskript als Ziel und Zweck jeder Reise erleben lässt. Eine weitere heilige Nacht ist die, in der ihm der Koran offenbart wurde. Diese Nächte sind ein sonderbares Detail, sie entsprechen tausend Jahren unseres irdischen Lebens, erklärt der Koran. Als Mohammed die Himmelsgewölbe auf dem Rücken eines fliehenden Tieres durchquerte, begegnete er Propheten und Gesandten. Und jeder hat ihm von seiner Erfahrung, seinem Leben, seiner Ewigkeit, seiner Botschaft erzählt. Ich stelle mir vor, in Picassos Himmel zu sein, aber nur in Paris. Vielleicht im ersten oder zweiten Himmel dem Maler mit dem hochmütigen Blick zu begegnen, inmitten der Gestirnkonstellationen, die er mit seinen Bronzebildhauerzehen, seinen Artefakten und Erektionen reizt. Dem Mann mit der breiten Stirn und der Eitelkeit, durch sein Genie reingewaschenen Eitelkeit, der mir ein wenig erklären wird, warum er die Huris vor dem Jüngsten Gericht gegessen und wie er die Schöpfung Gottes, den Körper des Menschen, auseinandergenommen hat, um noch einmal von vorn anzufangen; wie er vom Sündenfall zur biblischen Frucht, von der Frucht zum Genuss und dann zum Zerkauen und Verschlingen zurückgegangen ist. Ach, wenn er nur einen Blick auf den Sinn seines Werks im Universum meiner Geburt hätte werfen können! Ein Picasso des syrischen Guernica, ein Maler, dem die Angst die Hände abgeschnitten hätte. Ein »Entschleierer« gegen den Schleier. Ein Mann, der die Geschichte der Frau mit seinem Gaumen wieder aufgerollt hätte. Ein heiliger Spötter und Perverser. Jetzt ist das Wesentliche, dass ich in dieses Museum geschickt worden bin, um das erotische Tagebuch eines fünfzigjährigen Mannes zu betrachten, der eine halb so alte Frau getroffen und ein heiliges Mahl und pornografisches Martyrium aus ihr gemacht hat.

In der Halle befindet sich eine Art Hahn unter Glas. Die Wärter sind entgegenkommend und erklären mir, wie ich mich in diesem Palast bewegen kann, wen ich rufen soll und zu welcher Zeit die Runden des »arabischen« Ästheten stattfinden können. Neben der zentralen Treppe steht ein Feldbett, ein Korb mit Essen, und ich habe die ganze Nacht, um zu beten oder zuzuhören. Man lässt mich zuerst die Räumlichkeiten besichtigen, die erotische Ausstellung. Der Titel ist verführerisch: *Picasso 1932, année érotique*. Die Nacht wird lang sein, sie wird tausend Stunden in der Zeit meines Heimatlandes entsprechen. Es ist kalt in der Galerie, die Wände sind weiß wie die Sackgasse ins Jenseits, und die Gemälde sind gekritzelte, zerkaute Sterne. Ich habe aus einem einzigen Grund zugesagt: Die Erotik ist ein Schlüssel in meiner Sicht auf die Welt und auf meine Kultur. Die Religionen sind Autodafés der Körper, und was ich an dieser dunklen Bewegung des erotischen Verschlingens liebe, ist der absolute Beweis, dass man auf Himmel, Bücher und Tempel verzichten kann. Die Erotik ist die Permanenz des Menschen, der Beweis, dass das Jenseits ein Körper ist, den man in der Hand und im Bauch hat, hier und nicht »danach«, dass der Sinn der Welt im Sinn meiner Begegnungen liegt und dass alle Kunst die Erinnerung an einen Moment ist, die Gespanntheit auf einen Mund, einen Spalt oder ein Anderswo. Die Erotik ist in meinem Leben seit Langem ein Schlüssel, um mein Universum, meine Hemmungen, die mörderischen Sackgassen in meiner Weltgegend und die Aggressionen zu verstehen, die mich zum Ziel haben oder die ich endlos weitertrage. Wenn die Monotheismen mir mein Geschlecht so heftig übel nehmen, dann weil es das Werkzeug meiner Rettung ist, ohne sie, ja ihren Wünschen und Gesetzen zuwider. Es ist mein Glück und mein schuldbewusstes Mysterium. Ich grabe mich immer tiefer hinein, es höhlt mir den Bauch aus. Picasso ist ein Halt auf dieser Reise durch die Himmel der Sinne. Ich will ihn befragen, mich in seiner Haut bewegen, die im Wind ausgebreitet ist wie ein Stück Wäsche, seine farbigen Ängste durchstöbern. Es ist ein unter Glas erstarrter Sturm, ein mittendrin angehaltenes Liebesspiel. Deshalb habe ich der Stille Raum gegeben, meine Tafeln gelöscht, meine Befürchtungen beiseitegeschoben und diese Bilder betrachtet, eins nach dem anderen, als handelte es sich um Koranverse.

»EIN SATYR, DER GERADE EINE FRAU GETÖTET HÄTTE«

Die Erotik ist ein Jägerritual. Nur dass dieser Jäger seine Beute nicht tötet. Er verführt sie, spricht mit ihr, spielt Flöte in einer Welt von Skizzen und absichtlichen Amnesien, zieht sie ins Vertrauen, nähert sich ihr mit exhumierten Traditionen, umkreist sie argwöhnisch und angespannt, errichtet das Königreich der Umwege, um sie nicht zu ängstigen. Fürchtet und hofft. Bei diesen verführerischen Annäherungen werden die immer gleichen jahrtausendealten Gesten vollzogen, es gibt nächtliche Augenblicke und taghelle Augenblicke, Augenblicke des Geduldens und solche der Kontemplation, und seitens des Liebenden dann eine letzte verrückte Kadenz, nahe am Schmerz, wenn er die in ihrem Schweiß fliehende Trophäe ergreift. Das ist seit jeher der unausweichliche Verlauf. Aber hier endet der Vergleich mit der Jagd.

In der Erotik, anders als beim Hunger, lässt sich der Jäger gern von seiner Beute verschlingen, er liebt es, sich in ihr zu verlieren, in ihr zu vergraben, in ihr die Spuren seines Namens, seiner Grenzen, seiner Zeit auszulöschen. Das klingt wirr, wenn man es sagt, aber wenn man es erlebt, ist es sehr klar, für jeden von uns, im Alltag. Es genügt, den Hunger der Liebe und den Durst des Körpers zu erleben. Dieses Verlangen ist dem Dichter und dem Schalterbeamten gemein. Die Erotik ist eine Kunst zu zweit, die Begegnung zweier Körper, aber immer träumt der eine, sich den anderen einzuverleiben. Ihn seinem Hunger, seiner panischen Vorstellung, nicht ganz und nicht vollständig zu sein, zu unterwerfen. Es ist ein selbstmörderischer Kannibalismus, man verkündet, den anderen verschlingen zu wollen, um satt zu werden, aber sobald man umarmt, bei der ersten Geste des Eindringens oder des Knetens des Fleisches, gibt man dem verworrenen Verlangen nach, sich im tiefsten

Inneren des geliebten Wesens zu vergraben, zum äußersten Punkt seines Geschlechts zu gelangen und im Nichts aufzutauchen, zum Inneren des anderen zu werden, dieses Innere zu sein. Man will zugrunde gehen – sofern dieses Verb seinen strikten Sinn behält und nicht zerbrechen oder untergehen bedeutet. Bei der Jagd will man einen Hunger mit dem Fleisch des anderen stillen, in der Erotik will man einen Hunger stillen, indem man zum Fleisch des anderen wird. Das ist ein tyrannischeres Verschlingen, eine Vermischung von Säften, ein Kauen nicht nur des Mundes, sondern des ganzen Körpers, der zum Gaumen wird.

Es ist das Gegenteil des Geborenwerdens, und doch ist es wiederum eine Geburt. Denn man kommt unter Schreien zur Welt, man hat Mühe zu atmen, gestikuliert wild mit allen Gliedern und ist mit Unendlichem und Säften benetzt. Genau wie beim erotischen Verschlingen. Man spielt dieselbe Szene noch einmal: Man will in den geliebten Bauch zurück, man verwandelt die Sprachen, die man gelernt hat, in Gurgeln und Seufzen, man verlernt das Laufen und kriecht, man tauscht seine Haut gegen köstliche Feuchtigkeiten, man zieht sich zusammen und will vor die Zeit des Körpers zurück zum Ei. Ist Liebemachen also gleich Sterben? Nein, es heißt von Neuem geboren werden, aber auch das Nichts und den Akt der Geburt noch einmal durchleben. Man spielt die älteste aller Szenen nach. Den Null-Moment. Jeder von uns erliegt dem, sucht danach in Riten, Schriften, Annäherungen, Verführungen oder verzweifelten Fantasmen. Es ist das Gesetz unserer Gattung, unseres uralten Hungers. Mit jemandem schlafen heißt auch, von eigener Hand und der Hand des begehrten Wesens wiedergeboren werden. Für den Erotomanen spielt sich das Leben, mit kurzen Unterbrechungen, zwischen den Beinen ab. Liest man die Schriften der großen Traditionen wieder, ohne sich über sie lustig zu machen, wird man im Mund des Geliebten, der Geliebten, des religiösen Ekstatikers und des Schürzenjägers dieselben Seufzer finden. Die Schreie der Mystiker gleichen manchmal geradezu lächerlich denen der Schauspieler in Sexfilmen, werden die Zyniker nicht müde zu sagen. In jedem vollkommenen Orgasmus wird man neu geboren.

Der Anwärter auf den köstlichen Tod durch das Geschlecht zerreißt, entbeint, verrenkt sich, von außen gesehen, bis zur Lächerlichkeit, wenn er Liebe macht, wenn sein Blut, seine Haut sich verliert, wenn er in den Eingeweiden eines anderen ächzt wie ein Drache und kaum zu Atem kommt. Dieselben Gesten, von jedem Paar wiederholt, das sich liebt. Es gibt Routine in der Ewigkeit, aber ist das nicht gerade die Definition der Ewigkeit? Das Begehren ist ein ins Gegenteil verkehrter Hunger, ein Hunger nach Tod, nach dem Nichts vielleicht, nach dem Verschlungenwerden von einem anderen, man nennt den Orgasmus oder andere Momente der Erfüllung ja auch den kleinen Tod. Ein in tausenderlei Gestalt erneuertes Ritual: in Schriften, Tänzen, Gemälden, Ekstasen und Gesängen, und immer ist da dieselbe komische Leichtigkeit der Verführung mit Witz und Lockungen. Jedes Mal handelt es sich um dieselbe Bewegung: Man tauscht den Körper, man trennt sich von seinem Fleisch, das heißt, man verliert seinen Körper, um wieder Fleisch zu werden beziehungsweise ein anderes zu gewinnen, es zu besitzen, ja für ein paar Zehntelsekunden darin aufgehoben zu sein. Beim Ertasten des geliebten Wesens bist du ein Gott, genau in dem Moment, wenn er in seiner Töpferwerkstatt geistesabwesend zögert.

Während des Liebesakts, im Eindringen des Geschlechts, schließt man paradoxerweise die Augen, obwohl lieben heißt, ständig das Gesicht des anderen anzuschauen. Man schließt die Augen aber nur, weil es für den Jäger wesentlich ist, wieder Dunkelheit zu schaffen, sich zum Nachtwandler zu machen, um besser zuzupacken. Denn was man ergreifen will, ist nicht der äußere Körper, sondern die laue Dunkelheit des Inneren. Ich schließe die Augen, und deshalb erlebe ich deinen Körper in deiner eigenen Dunkelheit, ich schließe mich an dein Adernetz an. Ich teile deinen blinden Fleck, der dich beschwert. Ich verschmelze mit dir, und das gelingt mir aufgrund meines Getrenntseins nur dank der Nacht, die meine geschlossenen Lider schaffen.

Das ist unermesslich, von außen betrachtet jedoch

sieht der Akt der Vereinigung, die Liebe, dieser große Gesang, wie eine armselige Muskelmechanik aus, ein routinemäßiges Hin und Zurück. Eine Eindringlichkeit.

Besessen also teilt man das Los aller lebenden Beute seit der bestirnten Nacht der Zeit, den Zeiten der Jagd: zerstückelt, der Kopf vom Herzen getrennt, die Eingeweide ausgebreitet, bei klarem Bewusstsein, aber ohne Einfluss auf den Lauf der Dinge (daher die Blindheit der Liebe, wie es ja auch heißt), enthäutet im ursprünglichen Sinn des Wortes, in Energie für jemand anderen verwandelt, in stumme Spannungen und erregendes Gerede. Jede Liebe ist Verschlingen, ein Kapitel des Rohen und des Gekochten.

Die Riten der Welt beweisen es. Vielleicht besteht ein unerwartetes Band zwischen Kochen und Verführen. Man spricht in beiden Fällen von Opfergaben und Geschenken, während es lediglich um Köder geht. Mit Küssen erwärmt man. Übrigens ist Wärme ein altes Maß für Gefühle, aber ursprünglich handelte es sich mit Sicherheit um Holzfeuer. Alle Metaphern der Leidenschaft sind aus der Verbrennung geschöpft. Beim erotischen Opfer vertauscht man die Rollen: Man verbrennt nicht die Beute, sondern man brennt für sie! Es ist das Gekochte, das das Rohe verschlingt. Das Rohe ist da in seiner Reglosigkeit, es vervielfacht seine Gesichter in seinen Spiegelungen, spaziert nackt oder bekleidet umher, bietet eine Schulter oder eine Lippe, die Hinterbacken oder eine Reise dar, und der Verbrannte geht darauf zu, in den Händen seine eigenen Überreste und Stücke von seinem Körper.

Allerdings ist ein grober Rhythmus einzuhalten. Die erste Bewegung ist, die Beute im Gras, im Wald, in einem Salon vom Anfang des Jahrhunderts, einer Straße, an einem Fenster oder in einem Zug zu stellen. Auf den ersten Bildern dieses »sinnlichen Jahres« 1932 fesselt Picasso die Frau, hält die Bewegungen in ihrer Umgebung an, zwingt sie, still zu sitzen, durch ein Fenster zu schauen, sich hinzulegen, die Kreisbahnen zu verlassen und zum Zentrum zu werden. Das ist die erste Feststellung bei der Erkundung dieses Ritus in den riesigen Sälen des Museums.

»MALEN WIE EIN BLINDER, DER TASTEND EIN GESÄSS FORMT«

Wenn ich male, ist meine Haut ein Auge, all meine Hände sind eine Netzhaut, ein Mund rundet sich zur Pupille. Wie setzt sich die begehrte Frau wieder zusammen? Vor allem befindet sie sich nicht mehr in der alten Pose als Trägerin von Moden und Stoffen einer Epoche oder nackt, um die Zeit zum Moment des

Begehrens zurückzudrehen. Bei Picasso ist die Frau in einem scheinbaren Wirrwarr von Nackt und Bekleidet festgehalten, mit Recht. Es ist das Porträt der Verführung in ihrer Augenfälligkeit: Die Frau ist nicht nur Körper, auch nicht nur Kleid. Sie setzt sich aus ausholenden Gesten und Volumen und Haltungen zusammen, ob sie nun liegt, schläft oder an einem Fenster sinniert, aus den Farben ihrer Kleider und den Flächen nackter Haut, die diese Kleider unter den Mustern hervorblitzen lassen.

Man muss wissen, dass die Qual des Kannibalen zutiefst mit dem unmöglichen Körper zusammenhängt. Dem, den er verschlingen und von dem er zugleich verschlungen werden will, wie schon gesagt. Er malt ihn also wie ein Jäger, den Körper in seiner Bewegung, wenn er auf die Stoffe und Materialien der Welt und ihre Gegenstände trifft, und in seiner scheinbaren Reglosigkeit, wenn die Zeit der Treibjagd still steht, in seiner Vergötterung.

Man bemerkt es sehr schnell, wenn man zum ersten Mal einen Rundgang durch die ausgestellte Sammlung macht. Marie-Thérèse ist da, stets in zwei Tempi, den beiden Tempi der reinen Erotik: aus Fleisch oder Knochen. Einmal als Zusammenstellung von Knochen gemalt, ein andermal in aller Fülle. In einem Moment verschlingt auf diesen Bildern das Fleisch den Knochen und löst ihn auf, der Körper wird zur Krake, zur Inkonsistenz, zum möglichen Abgrund, zu etwas, das aus den Tiefen aufsteigt. Und dann wieder wendet der leidenschaftlich Liebende es um, umrundet es, umgibt es mit Kreisen und harten Strichen, will Zäune darum errichten, vereinnahmt es wie auf dem Bild *Le Repos* mit seinen Tausenden Winkeln und tausendundeiner Kurve, aus denen eine Rundung hervorspringt und sich vervielfacht. Denn der Wunschtraum von vielen ist die unendliche Frau – die Frau, deren Körper sich endlos durchstreifen lässt, in dem man vom Sich-Vergraben träumend versinkt. Die Frau, die man ständig umrundet, um gleichzeitig die Kruppe zu fassen und mit einem Biss in den Hals jede Flucht unmöglich zu machen, und um den Busen abzutasten, während man davon träumt, den Bauch zu öffnen. Und wenn der Mann genau im Moment des Besitzens, des Verschlingens aufstöhnt, dann weil das geheimste Begehren unbefriedigt bleibt. Das ist es, was den Schmerz verursacht, den jeder erlebt, wenn er den Kuss zwischen dem Verlangen, zu beißen, und dem, gebissen zu werden, ausbalancieren muss.

Nach der Szene des Rituals ahne ich beim Anblick der gemalten Gewalt deren Gründe: In der Erotik gibt es so etwas wie einen Groll, den man nur selten eingesteht. Vielleicht liegt darin die gemeinsame Wurzel sowohl der Tragödie in der Literatur- und Kunstgeschichte als auch der Meldungen aus der Rubrik Vermischtes. Die Beute der Liebe wird seit jeher und überall besungen, erträumt und ersehnt, man führt Kriege um ihretwillen, berührt sich, masturbiert als Heranwachsender, von dieser dicht behaarten Leere, diesem Sich-darin-Vergraben träumend, man sublimiert dieses Reiben, bis daraus Kulturen aufblitzen. Danach kehrt man zu den Seinen zurück, mit stolzem Blick, aufgeblasen vor Eitelkeit, und erzählt, wie man gegessen worden ist. Jede Liebe wird von einer Erzählung, einem Tagebuch begleitet. Picasso ist keine Ausnahme von der Regel öffentlicher Geständnisse. Seine Kunst hängt es an die große Glocke.

DIE KRANKHEIT DES KÖRPERS, DER SICH NICHT LIEBT

Aus den ersten Stunden der heiligen Nacht, aus den Bildern der ersten Monate im Jahr 1932 schließe ich: Der Kuss ist der Beweis, dass jede Liebe Kannibalismus ist. Der Speichel ist dabei das erste Blut. Das Französische hält als Äquivalent dafür auch das Verb »embrasser«, umarmen, bereit, um den Biss abzumildern. So wird küssen zu umgreifen, mit einem einzigen Blick umfassen, umarmen, halten, erfassen. Erotik heißt mit dem Tod spielen, ihn ersehnen, ihn schmücken, das sagen seit Jahrhunderten alle. Das Abendland – diese Weltgegend, die mein Gegensatz, mein Norden und mein Anderssein ist –, diese Länder des unbezwingbaren Nordens haben seit einigen Jahrhunderten in der Suche und in den Erzählungen eine Hierarchie etabliert: Das Begehren kommt vor dem Tod und gibt ihm Sinn, der Sex ist ein heilbares Dahinscheiden, ein gangbarer Steilhang zur Ewigkeit. In den Erzählungen ist Küssen nicht gleich Sterben, sondern Wiederauferstehen. Der Liebende sucht die Geliebte, macht sich auf den Weg, setzt sich mit Ungeheuern und Hindernissen auseinander, wird dafür mit einem Schloss und einer Krone, Kindern und Hochzeiten belohnt, und das passiert immer *vor* dem Tod. Man tötet Ungeheuer, Feinde, aber nicht sich selbst. Man befreit die geliebte Frau, man begräbt sie nicht. Das Paradies ist Teil des Lebens, nicht des Todes! Alle Liebesgeschichten spielen sich während des Lebens ab, während dieses unerklärlichen, flammenden Zwischenspiels, nicht nach dem Jüngsten Gericht. Die Liebe ist keine Beute, sondern ein Streben, die Erotik ist keine Sünde (so zumindest seit sehr kurzer Zeit), sondern ein Triumph.

Krank, pathologisch ist es, wenn man die Reihenfolge der Suche in den Erzählungen umkehrt. Dann tötet der Liebende die Geliebte, um zum Orgasmus zu kommen, er zerstört das Schloss, verwandelt sich in ein Ungeheuer, zerstört die Krone des Menschen und wirft seine Kinder aus dem Fenster, nur um die Zeit zu beschleunigen, das Nichts zu ermutigen, *Tabula rasa* zu machen und das Jüngste Gericht schneller herbeizuführen. So befriedigt, wird er nicht die Liebe genießen, sondern deren Zerbröckeln in Beutestücke und Sklaven im Paradies. Das ist keine Suche mehr, sondern Söldnertum! Die Erotik fällt zurück in Gottesfürchtigkeit und verliert den Schneid. Im Paradies hat der Orgasmus einen üblen Geschmack.

Der Märtyrertod ist manchmal kostspielige Onanie.

Krank ist es, wenn in manchen Kulturen der Tod vor dem Sexus kommt. Wenn das Jenseits sich zum Schiedsrichter zwischen dem Selbst und dem eigenen Körper aufwirft. Dann verheißt man Jungfrauen, Paradiese, grünes Gras, Flüsse aus Wein und die Ekstasen eines befriedigten Gottes, aber erst nach dem Tod. Man verdammt den Orgasmus als Sünde und sublimiert den Tod zum dunklen Mund-zu-Mund. Man verkehrt die Ordnung der Welt und des Körpers, man lässt den Leichnam als Vorspiel triumphieren. Man täuscht sich und tötet. Das geschieht in allen Radikalismen, Faschismen, Utopismen und großen religiösen Depressionen. Es gibt Epochen, die wütend auf den Körper sind, als wäre er einem Gott gestohlen worden. In ihnen herrscht der Hass der Ewigkeit auf unser einziges Glück. Alle wollen den Körper stehlen: Engel, Dämonen, Götter, Priester, Imame, Rabbiner, Makler, heilige Bücher, rituelle Waschungen, Rituale, Kreuze und Halbmonde. Und manchmal gelingt es ihnen auch fast.

Ich weiß es aus meinem eigenen Leben: Wenn ein Buch heilig ist, ist es der Mensch, das heißt sein Körper, nicht mehr.

Ich erinnere mich, dass manche Autoren behaupten, die Kultur sei eine Abkehr vom Kannibalismus, wenn der Ritualmord durch Riten und Bräuche ersetzt wird. Das ist ein bisschen wahr, aber die grundsätzliche Grausamkeit hört nicht auf, sie maskiert sich: Sie verewigt sich in der Kunst, im heiligen oder monströsen Bild.

Von der Gewalt wird noch erzählt. Abraham tötete ein Schaf anstelle seines Sohnes, und Jahrtausende später malt Picasso die begehrte Frau, um sie nicht lebendig zu verschlingen, sondern damit sie ihn, der so hochmütig ist in seinem Genie, lebendig verschlingt. Seine Malerei ist ein listiger Trick, um zu verhexen, Anbetung und dann Verschlingen. Die Strategie des alten Nomaden auf den Spuren seiner Mahlzeit aus warmem Blut.

DIE FARBEN SIND SEINE ZÄHNE

In dieser Oktobernacht im Museum, in Paris, dem Herzen des Abendlandes, glaubte ich seltsamerweise zu spüren, dass ein Mann eine Frau buchstäblich essen, sein Verbrechen zeichnen, gestehen und für seinen

Kannibalismus auch noch bewundert werden konnte. Ich erahne die Regeln dieses unmäßigen Mahls, das an den weißen Wänden ausgestellt ist wie ein Kalender. Der Zyklus beginnt im Januar 1932, mit der Begegnung zwischen dem Maler und einem jungen Mädchen. Anfänglich zögernd, tastet er im Zuge der Bilder und Studien das lebendige Fleisch der Geliebten ab, versinkt in den Verrenkungen und Heimlichkeiten im Leben des Malers, der sein Geheimnis vor seiner Gattin verbirgt, setzt wieder ein und wird fest, tastbar als Körper, Teil der Intimität des Malers, der seine Obsessionen beschreibt, läutert sich dann zu Ungeheuerlichkeiten und kommt am Ende zur Ruhe. Der unvorstellbare Orgasmus dauert ein volles Jahr. Von Januar bis Dezember 1932.

Die Ausstellung ist wie ein Tagebuch angeordnet, so stand es in allen Prospekten. Außerdem sagte Picasso gern, Malen sei wie ein Tagebuch, was heißt, die Zeit zu markieren, zu untergliedern, zu domestizieren, ihren Rhythmus selbst zu bestimmen, statt ihr unterworfen zu sein. Malen ist eine Uhr, die den Fingerspitzen gehorcht, ein gezähmtes Tier, ein Atemzug. Die Ausstellung beginnt mit einer schlafenden Frau, einem Körper in Erwartung, einer gestellten Beute. Mit *Le Rêve.* Und sie endet mit der Monstrosität des postkoitalen Ruhezustands, mit *Nu couché à la mèche blonde.* Die beiden Bilder, das erste und das letzte, eröffnen und beschließen einen Zyklus über den Traum, über das Einschlafen. Er ist eine Klammer oder der Eintritt in einen Reifungszyklus und sein Abschluss. Eine Reise, die von den Augen ausgeht und zum Gaumen führt. Von der blinden Konsistenz zum unsichtbaren Geschmack. Wie bei allem, was verschlungen werden kann. *La Dormeuse au miroir* zeigt eine Frau, bei der man alles vergessen kann außer dem Wesentlichen: Sie bietet ihren Hals dar. Dieses Darbieten wird durch das Spiegelbild betont, das die Geste festhält und verdoppelt, um ihr Nachdruck zu verleihen. Die Kurve des Halses wiederholt sich als Echo überall auf dem Körper, rückt sie ins Zentrum der Schwerkraft, drängt das Gesicht in den Hintergrund. Die Haltung der Arme betont die Entwaffnung des Modells. Ein riesiger Penis ragt bis zum Schlüsselbein, durchdringt die Frau ganz und gar. So besessen ist das Mädchen nur noch Drosselgrube.

Genau das ist erotische Anthropophagie. Ich habe eine Nacht, um das zu beweisen.

Ich, der ich aus den Gegenden des Rohen gekommen bin, habe auf den ersten Blick begriffen: Das ist eine Zerstückelung, Monat für Monat, chronometrisch durchgeführt, erforscht auch noch mit dem Gaumen des Essers. Eine barbarische, farbige Gastronomie. Dabei war ich im Herzen der zivilisierten Welt, im Zentrum ihrer Kultur, ihrer Gesetze und hohen Gemäuer. Die erste blitzartige Lektion für einen Schriftsteller, der kaum gewohnt ist, Bilder, Gemälde zu betrachten, ein Kind des Unsichtbaren, ein Kind aus einem Dorf: Um das geliebte Wesen zu verschlingen, muss man es in ein »Haben« verwandeln. Das Subjekt langsam zum Gegenstand des Strebens machen. Jedes Streben zielt auf ein Objekt, selbst wenn es von der Begegnung mit einem Subjekt gekrönt wird! Wird die Unsterblichkeit nicht als Vlies, Vase, Blüte, Elixiere, Düfte, Quellen oder Gipfel versprochen, Avatare des Kusses und der Penetration?

Wie ich gelesen habe, als ich mich über diesen Fremden informieren wollte, liebte Picasso es, ein Sujet zu umkreisen, es wieder und wieder zu malen, zu skizzieren, neu zu beginnen, auf tausend mögliche Arten darauf zurückzukommen, in Varianten von Gemälden, die durch ihre redundanten Titel miteinander verschwimmen. Ein erschöpfendes Hin und Her zwischen Sex und Bild. Wie zur Bestätigung sprach sein Modell im Jahr 1932 von Vergewaltigungen und Gemälden, in immer verzweifelterem Wechsel. »Zuerst vergewaltigt er die Frau, und danach wird gearbeitet«, erzählte Marie-Thérèse.

Als disziplinierter Besucher betrachte ich das erste Bild des flammenden Jahres 1932. *Le Rêve.* Darauf eine Frau mit der uralten Geste, ihren Bauch zu schützen. Denn sie sitzt einem Verschlinger, dem begehrten Ungeheuer gegenüber. Sie ist dem Schlaf nahe, weil verführt, bietet ihren von einer Kette begrenzten Hals dar, die dessen Geografie nachzeichnet. Die Frau ist doppelt, weil ganz: zusammengesetzt aus ihrer sichtbaren lichten und ihrer dunklen Seite, die der Maler erkennt. Sie ist geschlossen, ohne die Spur eines Penis wie auf den folgenden Bildern, geschlossen und gelassen. In Wahrheit ist sie Jungfrau. Sie umarmt sich, narzisstisch, aber verfügbar. Sie ist wie eine Variation des Mondes gezeichnet, in Farben, deren Temperatur bis zum nächtlichen, noch kalten Bauch sinkt. Das ist der Mond, und Picasso wird darin umhergehen.

Wie eine Frau essen? Anders als im Märchen küsst Picasso nicht, um die begehrte Frau zu wecken, sondern um sie in Schlaf zu versetzen. Ich bin fast sicher. Er taucht sie in den Traum, stößt sie in den Rücken, damit sie sein Modell, das heißt sein Objekt wird. Ihre Zwiefältigkeit fasziniert ihn: einerseits Fleisch, andererseits diffuse Unsterblichkeit. Mond und Profil. Zustimmung und Abgrund. Zugleich dunkel und hell. Die klassische Porträtkunst ist seit dem Jahrhundert des Unbewussten überholt, in dem der Komplex die Definition der Wollust erschütterte. Die Frau ist nie allein, sondern immer zugleich mit dem ewig Weiblichen gegenwärtig.

Der Legende zufolge geschah es vor den Galeries Lafayette am 8. Januar 1927. Marie-Thérèse Walter, noch keine achtzehn, 1909 geboren, trifft den unternehmungslustigen Maler. Weiter der so oft strapazierten Legende zufolge hatten sie folgende Unterhaltung: »Mademoiselle, Sie haben ein interessantes Gesicht, ich möchte Ihr

Porträt malen.« Wenn man die Fotos betrachtet, scheint das Mädchen nichts besonders Aufregendes zu haben, einen starken, zu stämmigen Körper, ein kantiges Gesicht mit ausgeprägtem Kinn, Üppigkeit. Eher ein Bild der Kraft als des Mondes. Aber man sollte das Gesetz des Begehrens nicht vergessen: Ein begehrter Körper ist immer aus zwei Körpern zusammengesetzt. Auf den wenigen Fotografien von Marie-Thérèse fehlt der bedürftige Maler, sein Körper in diesem Augenblick und in diesem ganzen Jahr. Sie hatte, was ihn allmählich verließ: die Zeit der Sinnlichkeit, das in der Jugend sichere Gleichgewicht zwischen Organen und Zeit, die herausfordernde Blondheit einer Sonne, ein Feuer, und diesen merkwürdigen, fast kindlichen Gleichmut, vielleicht auch eine Andeutung von Bewunderung oder eher ihr Fehlen, was das Genie zu erschöpfenden Anstrengungen zwingt. Sie war die konvexe Wölbung seines Hungers. Üppig, um seine Kanten zu mildern. Sie hatte das, womit er seine tiefste Angst beschwichtigen konnte. Er musste die Zeit anhalten, die ihn tötete, also sie, das Mädchen, ruhig stellen, fesseln und in sie hinabsteigen wie in einen Brunnen. Sie essen, denn so kann man einen Körper in seiner tiefsten Tiefe erreichen: Indem man die Wärme seines Blutes schmeckt. Alle Jäger wissen, dass es diese Lauheit ist, die verrückt macht, entflammt und dazu treibt, sich in ein Tier zu verwandeln, um die Beute zu jagen. Das laue Blut ist das Ziel, die Temperatur des Pelzes, der Knoten, den man mit den Zähnen öffnen will.

Marie-Thérèse, dieses junge Mädchen, dem der fünfzigjährige Maler begegnet, ist zugleich ein Geschenk des Zufalls und Anlass zur Verzweiflung. Sie ist, was er nicht mehr ist, jung, bei jedem Schritt, jeder Bewegung neu geboren. Sie ist der Zenit seiner erotischen Fantasien, der aufsteigende Hang des Alters, den er wieder hinabsteigt, begleitet von der Galaxie seiner Gemälde, Skulpturen, Keramiken, der rühmenden Zeitungsausschnitte, Elogen, Ehen und Mätressen. Unweigerlich lässt sie ihm keine Ruhe mehr, und er kann nicht anders, als sie immer wieder zu malen, mit einem nie eingestandenen Groll, der Lust zu plündern und zu reinigen, indem er sie auf die Abstraktion des Knochens oder auf die Üppigkeit des Fleisches als Krake, als knochenloses, schlaffes Wesen reduziert. Das entdecke ich nach und nach, als ich, gefolgt von einem respektvollen, aufmerksamen Wärter, zum zweiten Mal in der »heiligen Nacht« zwischen den großen weißen Wänden durch die Säle pilgere. Diese Frau wird gejagt, voller Angst, sie zu verlieren, und in allen möglichen Richtungen durchstreift. Picasso scheint sie in der wahnsinnigen Geschwindigkeit einer Masturbation zu malen, im Takt, im Versuch, die höchste Form des Besitzens zu erreichen. Was er versucht, ist die totale Einverleibung. Da bin ich sicher. Es gibt keine Erotik ohne den Wahn vom Besitz. Denn man ist nicht besessen, die Sprache täuscht sich! Man will Besitzer sein … Doch ich greife vor.

Deshalb verdoppelt sie sich, sobald er anfängt, sie zu malen. Wird porös, transparent, schmiegt sich an seinen Körper, wird dessen Höhlung, die er füllen, das warme Blut, das er trinken will und das in verschiedenen Hautfarben fließt. Ruhiggestellt, wird sie schrittweise zu Fleisch und Beute, und immer ist ihr Hals wie eine Opfergabe gezeichnet. Der Betrachter besteht ganz aus Zähnen. Der zurückgebogene Hals fasziniert mich übrigens jedes Mal, wenn ich ihn auf einem Bild betrachte. Das ist eine Unterwerfung. Oder vielleicht nein, ein Dialog. Das Blut sagt: »Hier hindurch fließe ich, mein Weg ist die Drosselader.« Und der Jäger geht darauf ein und geduldet sich noch, um sie nicht in die Flucht zu jagen. Das warme Blut der Beute wird zuerst als Gegenstand gezeichnet.

Erstes Gesetz der Jagd: Der Blutstrom muss zur Ruhe kommen, die Angst darf den Geschmack des Fleisches nicht verderben. Die Felszeichnung fixiert einen Moment, aber in Wirklichkeit erzwingt sie die Reglosigkeit. In die Wand geritzt, entwischt die Beute weder dem Gebet des Jägers noch der Zeit noch der Höhle. In Schlaf versetzt, nimmt die Frau die Farben der Nacht an, wird lebendiges Fleisch, aber auch aufsehenerregendes Symbol. Sie lässt die Träumerei geschehen, knüpft den Dialog mit dem Tod an. Es gibt keinen Narziss, wenn das Wasser der Quelle unruhig ist. Picasso träumt sich die Frau reglos. Sie wird zum Behälter, zur Höhle, zum

Zufluchtsort des Spermas. Sie schmiegt sich an. Die schon einzigartige Beute wird einzig. Stehend *Le Rêve* durchforschend entdecke ich, dass der Maler seine Beute nie von vorne malt und fixiert, sondern immer im Profil, in eine andere Welt getaucht und dem Maler fremd, willig, aber keine Komplizin, reglos im Bereich der Intimität, aber nicht in dem der Intelligenz. Es ist kein Dialog der Blicke, sondern ein Dialog des lebendigen Fleisches. Zwei Reiche verschmelzen, aber sie bleiben verschieden. Marie-Thérèse ist ganz und gar Frau, in ihrer Abgeschiedenheit, ihrer unwiderruflichen Fremdheit, ihrer Hingabe. Jeder Blick ist hier ein gestohlener Blick, von der Seite oder geschlossenen Auges. So ausgesperrt, wird die Frau umso machtvoller besessen.

Es ist eine alte Geschichte, dass jede Frau ein zufälliges Abbild der ewigen Frau ist, der man nachjagt, von der man besessen ist. Hat man die tausend Farben gesehen, die die schlafende Frau auf die Leinwand zaubert? Die Ruhigstellung hat ihre Regeln. Es genügt, dass die junge Frau sich bewegt, und schon macht Picasso wieder Skizzen von ihr, mit harten Strichen, mit Tinte und Gravuren. Sie wird zur Studie, wenn sie sich am Strand bewegt. Verliert ihre Kurven zugunsten der Kanten in *Les Baigneuses (Die Badenden).* Palette oder Regenbogen, wenn sie sich nicht rührt. Picassos Modell begreift das und nimmt die Pose von Früchten ein, spielt Stillleben, ahmt Siesta oder Ruhepause nach, aber weil sie errät, dass der

Maler jedes Mal unruhig wird, wenn sie sich in Bewegung setzt oder auch nur atmet.

Der Esser dieses sinnlichen Fleisches muss sich insgeheim gesagt haben: »Lebendiges isst man nicht? Dann kann man Schlafendes essen.« Ein Zwischenzustand zwischen totem und unmöglichem Fleisch. Der aufgespießte Schmetterling macht es möglich, Flüge zu malen. Die Ruhigstellung ist also die zweite Bedingung, unter der man das alte Verbot des Kannibalismus übertreten kann. Die Kultur erlaubt es, das leblose Rohe zu essen. Das junge Mädchen, von dem Picasso 1932 besessen ist, musste also erstarren, sitzend zum Fenster hinausschauen, ruhen, Siesta halten. Nackt vor dem Spiegel oder nicht vor dem Spiegel liegen.

Der nackte Körper allein genügt nicht, er muss die Opferhaltung nachahmen. Sobald ihn Bewegungen durchziehen, entfernt er, entzieht er sich, verliert sich aus dem Blick des Begehrens. Statt der Beute bleibt nur der Wald, und die Jagd bricht ab.

ICH WERDE DICH ABDELLAH NENNEN

Ich, ein »Araber«, wurde eingeladen, eine Nacht im Pariser Picasso-Museum zu verbringen – im Oktober, unter einem schlechten Himmel für einen Mittelmeeranrainer wie mich. Eine Nacht ganz allein, als privilegiertes Kind, aber auch als Zeuge einer möglichen, ersehnten, ausgeheckten Auseinandersetzung. Doch ich fürchtete, mich zu langweilen oder ohnmächtig zu fühlen. Um Picasso zu verstehen, muss man ein Kind des Verses sein, nicht des Koranverses. Aus dieser Kultur des Museums im Gestein des Hôtel Salé kommen, nicht aus einer anderen. Immer wenn ich Freunden von der verheißenen Erfahrung erzählte, lächelten sie oder wurden neidisch. Oder sie machten den naheliegenden Witz über das »Risiko, das die Organisatoren eingehen«. So oft, dass ich mir schließlich den Beginn einer möglichen Erzählung vorstellte: Ein Dschihadist aus Syrien oder Timbuktu oder Algier oder aus der Pariser Banlieue, beauftragt, das Abendland in seinem tiefsten Herzen zu verletzen: in seinen Kunstsammlungen. Dieser irregeleitete Wahnsinnige, Kind der Zerstörung Palmyras, sollte hierherkommen, sich in einem der Untergeschosse bei den kalten Toiletten verstecken und sich nachts irgendwie hinaufschleichen und die Gemälde zerschneiden, zerstören, die Spuren des Abendlandes auslöschen und diese Weltgegend bestrafen, die Angst einflößt, wenn sie hungrig ist, und neidisch macht, wenn sie gesättigt ist. Um die Katastrophe von Palmyra überall zu verbreiten, Gemälde, Kunstwerke und Skulpturen, Zeichen und Kurven zu zerstören. »Bis Gottes Erde gereinigt ist von allem, was nicht Gott ist«, wie der Schrei der Fanatiker lautet. Eine wohlfeile Fiktion, die jedoch die große Frage stellt, die das Abendland umtreibt: Warum ist man in meiner Kultur so wütend auf das Bild? Auf die Darstellung? Ist die Kunst – neben der Frau – der Gegensatz zu Allah? Sind die Kunst und die Geschichte des Abendlandes schuldig?

Ein »Araber« im Picasso-Museum, das konnte nur eine Episode des seit zwei Jahrzehnten sich immer schrecklicher entwickelnden Duells sein, ein Risiko, eine angespannte Situation. Dieser Idee wollte ich auf den Grund gehen, ohne jene erwartbare Fiktion zu erzählen. Und bei der Gelegenheit über mein eigenes Verhältnis zum Bild nachdenken, über meine kulturell bedingte Angst vor der Darstellung. Zwischen dem hartnäckigen, unruhigen, entschiedenen und bedrohten »ich bin Picasso« und »ich bin Allah« hin- und herschwanken und meine Mythen und meine Gewissheiten befragen.

Allah ist der Gegensatz zum Bild, das ist ein Gesetz. Das weiß ich, das erlebe ich seit meiner Kindheit, in der ich schon sehr früh auf ein Paradox gestoßen bin: Gott ist nicht sichtbar, aber man sieht ihn überall! In meinem Dorf wurde sein Name den Vornamen jedes Neugeborenen hinzugefügt, dem ersten Löffel jeder Mahlzeit, dem Schächten, dem Kauf einer Jacke oder eines Autos, dem ersten Schritt über die Schwelle eines neuen Heims, dem Tod und der Geburt, einfach jeder Handlung. Man rief ihn zum Zeugen einer Hochzeit an, oder um den Kindern Angst zu machen. Das stellte mich schließlich vor das älteste Problem der triumphierenden Monotheismen: Ist Gott das Ganze? Ist die Welt sein Bild oder sein Schleier? Wo ist sein Gesicht, da man von seiner Hand spricht? Das Verbot dieser Frage, der empörte Ton meiner Angehörigen, wenn ich so redete, hat mir die Tabuisierung des Bildes eingeimpft. Ich sollte sagen, dass ich Gott überall sehe, aber nie, dass ich ihn gesehen habe. Seine Absichten sehen, aber ihn nie zeichnen. Die Darstellung von Verborgenem, ob von Gott, dem Geschlecht oder einem Geheimnis, war mit einem Tabu belegt. Der Ort dieses gewaltsamen Widerspruchs war mein Körper. Ich sollte eine Hälfte vergessen und die andere in der Sonne verteidigen. Die Hände, die Füße, der Kopf waren edel, man durfte sie zeigen. Nicht aber das Geschlecht, das Gesäß und die Schenkel. Zwischen beidem ein Mittelding: der Oberkörper, die Schultern, die Waden. Im Lauf der Jahre nahm die Teilung in Verborgenes und Sichtbares dem Bild und der Darstellung, dem Offensichtlichen und Greifbaren jede Bedeutung im Vergleich zum Verborgenen, Dunklen, Unsichtbaren. Zeichnen hieß täuschen, sich verirren. Das Bild ist ein Schatten des Unsichtbaren, dessen Herabwürdigung. Am Ende wird es zum Zeichen der Häresie, der Konkurrenz zum Göttlichen. Damit war das Unbehagen gegenüber dem Bild, das mir seit meiner Kindheit im Dorf eingeimpft wurde, geweiht. Womit ich sagen will, dass dieser Weg der Herabwürdigung des sinnlich Erfahrbaren in der Kultur des Maghreb oder der »arabisch« genannten Welt (im Gegensatz zur persischen, sagen die Fachleute) unvermeidlich ist. So wird man konditioniert. Tausenderlei Wege führen da hin, aber alle landen wir bei der Angst vor dem schlimmsten Verbrechen: vor der Darstellung, Assoziation oder Zeichnung des Unendlichen, Nackten und Entschleierten. Das Bild ist der Gegensatz des Unsichtbaren. Und das Unsichtbare ist Gott.

Ich spreche hier vom Dorf, von der ländlichen Welt, dieser Kultur aus Folklore, Bigotterie und Tradition, nicht von der Kultur der städtischen Eliten, Maler und Künstler. Als ich mit achtzehn Jahren an die Universität von Oran im Westen Algeriens kam, begriff ich, dass die »arabische« Welt von Zeichnungen, Explosionen und Rebellionen, Ausstellungen und Zusammenstößen durchzogen war, aber diese Lichter der Aufklärung erreichten kaum die Schule, die dörfliche Welt, die frühe Kindheit. In dieser Gegend hartnäckiger Glaubensvorstellungen hatte der Mensch ein Recht auf die Hälfte seines Körpers, und diese Hälfte durfte er nicht zeichnen, nicht darstellen. In der anderen, in die Unsichtbarkeit verbannten Hälfte vermischten sich Geschlecht und Okkultes in einer einzigen Bewegung, sie durfte nur mit groben Beschimpfungen oder rituell behandelt werden! Von da an hieß Malen, Gott die Stirn bieten und vielleicht ältere Gottheiten als die des Monotheismus wiederbeleben.

Von allen Mythen des Anfangs ist mir die Robinsonade am liebsten, und zwar in ihrer theologischen Version, wie sie zu Beginn des 12. Jahrhunderts unter anderen von Ibn Sina – Avicenna – und Ibn Tufayl niedergeschrieben wurde. In der vergessenen Tradition der mystischen Erzählungen wird die Welt als nackt beschrieben, gleich dem nackten Körper eines Neugeborenen. Die Hauptfigur kommt auf einer unbewohnten Insel zur Welt und unternimmt den Beweis, dass der Glaube angeboren und die Religion eine Naturgegebenheit, ein zutiefst natürlicher Antrieb des Menschen ist, jenseits von Ritus und Dogmen. Der Mensch ist dort zum einsamen autodidaktischen Philosophen berufen. In der Übersetzung dieser antiken Schriften von Hay ibn Yakqdhan nennt sich diese Figur: »der lebendige Sohn des Wachsamen«. Von all den leicht zugänglichen Versionen dieser Erzählung ist mir die folgende märchenhafte Einleitung die liebste: »Unsere tugendhaften Vorgänger berichten (Gott möge mit ihnen zufrieden sein), dass es unterhalb des Äquators eine Insel Indiens gibt, auf der der Mensch ohne Mutter noch Vater geboren wird.« So stelle ich mir meine Figur in diesem Museum mitten in Paris gern vor: geschlagen mit dieser *conditio ex nihilo*, als absolutes Waisenkind, in ungeheuerlicher Losgelöstheit von jeder menschlichen Abstammung. Deshalb wird meine Figur Abdellah heißen, »Sklave Gottes«, ein aus dem toten Fleisch der Kadaver unserer Epoche geborenes Ungeheuer, Kind eines Unglücks, das es verewigt. Ein einsames Ungeheuer, eher dem stumpfen Stein verwandt als dem Wolf, das fasziniert vor den Bildern in diesem Museum im Herzen des Abendlands stehen bleibt. Voller Angst, verschlungen, abgewiesen oder eingesperrt zu werden, und mit dem Wunsch, zu verschlingen, zu verwerfen und zu verstoßen. Ein Ungeheuer, das neugierig zu plündern versucht, bevor es endlich seine Mission erfüllt: die Verunstaltung des Abendlandes.

Inmitten dieser schlaflosen Nacht verspürte ich das Bedürfnis, mir das Böse in mir und dessen Gründe auszumalen. Eine Art Fantasievorstellung von einem unerhörten Attentat, voll grausamer Präzision, absolut neu und spektakulär, bei dem ich nicht die Körper, sondern die Ewigkeit dieser Weltgegend, die nicht ich ist, töte; die Gemälde mit Säure verwüste, wie es die radikalen Islamisten im algerischen Bürgerkrieg mit den Gesichtern der Frauen getan haben: Da sie nicht alle Frauen verschleiern konnten, dachten sie sich damals aus, wie sie ihnen ihr Gesicht nehmen konnten. Ich sagte mir, dass ich, um mich wirklich zu verstehen, in die dunkelsten Tiefen hinabsteigen und mir die Gründe meiner Bewunderung und meine Gründe, zu zerstören, vor Augen führen musste. Ich musste mein sehr altes Unbehagen ausloten und sehen, wo es Erleichterung fände. Ich stelle mir also eine andere Person vor, ob im Abendland geboren oder nicht, ein Kind ohne Vater noch Mutter, vom Zenit oder von der Nacht geboren, oder ein illegitimes Kind, das der Strömung anvertraut wurde wie Moses, der jedoch diesmal sein Volk ertränkt. Beide Versionen werden von den beiden Interpretationen dieses mittelalterlichen Märchens gestützt. Übersetzt: ein Kind der aktuellen Geschichte oder ein Waisenkind, das davon träumt, die Genealogien der ganzen Welt zu zerstören, um sich entschädigt zu fühlen. So etwa müsste in dieser Nacht eine Auseinandersetzung, eine Therapie aussehen, die ich mir zunutze machen kann.

Abdellah kommt auf unbekanntem Weg zur Welt, besitzt die Hälfte eines Körpers, denn eine Hälfte schenkt er der Idee vom Paradies, vom Jenseits und einer Kultur, die ihm den Körper als zu überwindendes Hindernis auferlegt, nicht als einzig mögliches Glück. Er beendet sein langes Unbehagen mit einem falschen Schluss: Dass nämlich sein Schmerz aus dem Abendland komme, dass er wegen des Abendlands leide. Und er verwandelt seine Wut in einen heiligen Krieg, in ein Epos, und begründet ihn nahezu metaphysisch: Das Abendland wird dafür bestraft, dass es Gott Konkurrenz machen, ihn übertreffen will mit seinen tausend Maschinen, mit seinem Paradies auf Erden, seinen Schaufenstern, seinen nackten und freien Frauen, seiner Beherrschung von Himmel, Mond und Erde, mit seiner Fähigkeit, widerspenstigen Gegenden die Hölle auf Erden zu bereiten wie im Irak oder anderswo.

In der kalten Nacht im Museum ist es also das Nackte, was mich wie Abdellah aus der Fassung bringt. Der Raum ist eisig, aber das Nackte ist warm, es ist das Blut des Abendlands, das durch dessen Epochen fließt. Das ist es, was das Kind der Kalligrafien, den Mann aus dem Süden des Planeten Allahs in mir fesselt. Das Abendland ist für uns das Nackte. (Ist der Orient das verschleierte Ewige?) Gleich was man sagt, gleich ob man es verbirgt. Die erste Erinnerung an Paris ist nicht sein Eiffelturm, auch nicht sein Fluss, sondern ein Paar, das sich an einem Métro-Eingang küsste, unter freiem Himmel und vor allen, eine schockierende Unschicklichkeit, die gegen das Gesetz verstößt, Umarmungen zu verbergen. Da ist die Zunge, die sich um eine Lippe schlängelt, Speicheltropfen, die Obskures überziehen, ein Paar, das im Stehen verschmilzt, während bei mir zu Hause die Liebe im Liegen, in der Horizontalen, hinter Vorhängen verborgen, als Hochzeit maskiert oder eingesperrt vollzogen wird. Ich erinnere mich an die ersten Küsse in Paris, sie waren die brennendsten, aber auch die unschicklichsten. Nicht die, die ich bekam oder gab, sondern die, die ich beobachtete, als wären sie vor meinen Augen wiedererstandene Bauchnäbel, Nacktheiten, während es sich nur um zwei Gesichter handelte. Den Okzidentalisten, der ich im Unterschied zum Orientalisten bin, setzt die öffentliche Nacktheit der Küsse, der Plakate und der Schenkel der Mädchen, die in der Métro sitzen, in Verlegenheit. Das ist nachgerade die Verkehrung des Jahrhunderts: Nicht Robinson ist von der Nacktheit Freitags schockiert, sondern Freitag kann die unglaubliche Nacktheit Robinsons nicht fassen, nicht ertragen. In der berühmten Szene, in der der Weiße ein Kannibalen-Ritual beobachtet und den Schwarzen Freitag schließlich »rettet«, stellt sich sehr schnell das Problem der Bekleidung. Robinson weiß nicht, ob der Unglückliche eine Seele besitzt (daher bekanntlich sein Vorname nach einem Wochentag), aber er stellt mit Entsetzen fest, dass er vor allem einen Körper hat und dass dieser Körper nackt ist. Er ist empört, fassungslos und sucht sofort nach einer Lösung für die Unschicklichkeit. Er schenkt ihm Kleider, fabriziert sie für ihn. Im Jahrhundert Defoes ist Nacktheit unrein, wenn nicht gar ein Skandal, eine Beleidigung Gottes. Zwei oder drei Epochen später ist es umgekehrt, hier, in mir, vor meinen Augen, durch meine Augen: Ich bin es, der von der Nacktheit des Abendlands und seinem Körperkult schockiert ist. Mein Abdellah ist darüber entsetzt, sieht es als Angriff auf seinen Glauben und seine

Werte, erträgt dieses Außerkraftsetzen der Grenze zwischen dem Geschlecht und dem Raum nicht. Diesmal ist es der verängstigte und gewalttätige Freitag, der versucht, den weißen Mann anzuziehen, zu bedecken, um seine Unschicklichkeit zu bedecken. Der Skandal hat das Lager gewechselt. Auch der Begriff des Heils. Und die Idee der Seele, die man nun bei dem finden soll, der keine hat, sie verloren oder nie gehabt hat.

Abdellah wird vor der Nacktheit immer Unbehagen empfinden. Sie bedeutet Ungehorsam, Verlust der Wurzeln, Haltlosigkeit, Unmoral. Aber das sind nur Worte, die das Wesentliche verbergen: Seine Beziehung zu seinem eigenen Körper. Seine Weigerung, anzuerkennen, dass er einen hat, dass er ihn tragen muss und dass dieser Körper gerade das Gegengewicht zum Unsichtbaren ist. Abdellah träumt wie viele davon, keinen Körper zu haben, sich zu entkörpern, unsichtbar zu werden. *Sich Gott gleich zu machen.* Er wird seinen Körper rituell waschen, ihn reinigen, martern, ihn dem Schweiß und dem Fasten unterwerfen. Wie in allen Monotheismen glaubt er, den biblischen Sündenfall durch Lastabwurf und einen Verrat rückgängig machen zu können. Das Nackte ist der Gegensatz des Himmels. Es ist zudem eine Beleidigung des Himmels. Das Nackte wird ihn terrorisieren wie eine Offenbarung vor der Zeit, eine Umwälzung des messianischen Kalenders. Daher die Wut meiner Figur angesichts der nackten Frau, angesichts des Geschlechts und des Begehrens. Es ist eine grausame Erinnerung an unsere immer gleiche Lage als schuldbewusste Sünder, wenn wir einem begehrten Körper begegnen. Die schönste liebende Vereinigung zweier Körper ist die, in die sich weder Riten noch Götter, weder Gesetze noch Zeugen oder Beisitzer einmischen. Eine solche Vereinigung vielleicht, auf halbem Weg zwischen Wollust und Grausamkeit, malt Picasso in diesem Jahr.

EIN GEMÄLDE: *FEMME NUE COUCHÉE*

Vor der Liebe ist der Leib der Beute zu einem ausladenden Rund gebläht, üppig und fleischig wie eine Qualle, mehr noch eine Krake. Nach dem Orgasmus ist er Skizze, ätherisch, fast transparent, offen für das plötzliche Auftauchen von Zeichen und Symbolen, vom malvenfarbenen Schatten des Geheimnisses besucht. Gemalt ist die liegende nackte Frau in Farben, die ihre Haut erwärmen, ihre Wärme illustrieren, das Blut parodieren, zugleich das Geschlecht der Frau und die Rute des Mannes verkörpern, die Organe verschmelzen; einmal verzehrt, ist die Frau mit Tinte skizziert, entleert. Das Gemälde ist die Verwandlung des Rohen in Gekochtes. Es ist eine Hochzeit, die Begegnung zweier Liebender. Der Maler vergewaltigt, dann malt er. Auch Abdellah wird vergewaltigen können und dann malen, mit geschlossenen Augen, hypnotisiert von seinen Glaubenssätzen. Er wird über meinen Körper hinweg in sein Paradies marschieren. Ich stelle ihn mir jung vor, aber schon mit der Angst vor der Zeit, stark und ungeschickt und dazu verführt, seine Befürchtungen und Ängste in ein Epos zu verwandeln. »Geboren ohne Vater noch Mutter«, sagt Ibn Tufayl mit gutem Grund. Eitel und auf der Suche nach neuen Verwandtschaften. Das ganze Problem seiner Art ist, dass er keine *Geschichte* hat. Eine Geschichte, an die er sich anlehnen, aus der er Varianten schöpfen könnte, einen Mythos für sein Leben, einen Glauben. Er hat keinerlei Erzählung, die für sein Leben, seinen Tod und seinen Körper gültig wäre. Er kann sich nicht in ein Märchen, einen Roman oder eine Fortsetzungsgeschichte einfügen. Daher wird er sich der Theo-Fiktion seiner Zeit anbieten. Behaupten, Träger eines Befehls oder des Auftrags zu sein, die Welt um sich her zu korrigieren, er wird sich einen kollektiven Selbstmord leisten, der seinen eigenen abmildert.

NARZISS, EINGESCHLOSSEN IN DEN KÖRPER EINES ANDEREN

Aber warum verwirren mich die Titel der Bilder dieses Malers? Ich habe in dieser Nacht stundenlang versucht, sie in meinem Notizbuch zu ordnen. Dann bin ich zu dem offenbaren Schluss gelangt: weil sie sich wiederholen. Er wiederholt sich; der Meister wiederholt sich! Die Bilder werden ins Auge gefasst, in Angriff genommen, gemalt und dann noch einmal gemalt. Der Mann wird gequält von verschiedenen Fährten, einem Gemisch von Gerüchen, die ihn verwirren und doch wieder auf seine Spur im vertrockneten Gras setzen. Wie Berührungen, die so tun, als wollten sie sich auf die Schulter legen, um listig auf dem Vlies, der Feuchtigkeit im Zentrum zu landen, oder als wollten sie eine Wange streifen, während sie auf den Busen zielen.

Die Frage habe ich mir als Kunstliebhaber gestellt, als ich mir in dieser kalten Nacht im Museum die Titel der ausgestellten Bilder notierte. Wenn das Abendland Sinn in Picassos Bildern gefunden hat, in dieser Orgie von Linien und spektakulären Entbeinungen, ist es an mir, davon zu reden, als handelte es sich um kolorierte Koranverse, um Selbstverständlichkeiten. Die erste Frage, die sich der Untersuchende über die Körper

Picassos stellt: Warum diese Wiederholungen? Sie wirft mich auf meine eigene sinnliche Erfahrung, meine Sexualität zurück. Der Maler war in einem einsamen Akt begriffen – das konnte eine Spur sein. Denn auch ich war den einsamen Akt und seine Verzweiflung gewohnt: Von innen erlebt und betrachtet, ist Sex eine Erfahrung des Unendlichen und von außen gesehen zugleich ein unglückliches Pendeln. Der ganze Unterschied zwischen dem Reiben von Haut und der Reise zu den Sternen. Es gibt nichts Lächerlicheres als einen Koitus, den man betrachtet, seine Beharrlichkeit, sein inbrünstiges Auf und Ab, seine auf zwei Bewegungen reduzierte Routine, eben die Stellung der Paarung: Es beginnt mit dem herrlichen Biss des Kusses, Erinnerung an die gestohlene Frucht, und löst sich zwischen den Beinen auf wie eine Flucht auf allen vieren. Routine ist der Widerpart und die entwürdigende Kehrseite der Ewigkeit, ein altes Thema in meinem Leben: Als Jugendlicher masturbierte ich über immer denselben Bildern, doch in dem bücherlosen Dorf, in dem ich aufwuchs, las ich auch immer wieder dieselben Bücher: *Die geheimnisvolle Insel* zwölfmal, *Stürmische Ernte* dreimal im selben Sommer, glaube ich, *Die Früchte der Erde* fast zwanzigmal … So kam ich allmählich zu dem Schluss, dass in der Wiederholung ein Sich-Einkapseln liegt, eine Ermattung des Verlangens, das einen peinigt, eine Art, es zu erschöpfen wie ein wildes Pferd, das im Bauch bockt und rast.

Später sah ich im Kino Vampire, Zombies und begriff

die universelle Regel der Ansteckung durch den Biss. Sie erinnerte mich ein wenig an die dürre Seite des Begehrens, an seine Routine, wenn man den endgültigen Höhepunkt noch nicht erreicht hat. Bei diesen Filmen lässt man sich im Allgemeinen voller Angst und Mitgefühl lang und breit über das Schicksal des Gebissenen aus, aber man denkt kaum je an die Tragödie dessen, der beißt, an sein Schicksal als Verdammter. Er ist der ewige Bösewicht, obwohl man unschwer begreifen könnte, dass der Biss des Vampirs eine Qual ist, die er mit seiner Beute teilt. Denn der Vampir ist ein Gefangener. Er kann nicht leben, ohne anderen das Blut auszusaugen und gerade dadurch qua Ansteckung seine eigenen Spiegelbilder zu vervielfachen; sie werden Vampire wie er, potenzieren also seine Einsamkeit, sein Schicksal als Narziss, der seinen Durst nie ein für alle Mal löschen kann. In diesem blutigen Narzissmus ist der andere keine Quelle aus Wasser, sondern aus Fleisch, in der er stets nur das von den Spuren seiner Zähne vervielfachte Spiegelbild seiner selbst erblickt.

Für Picasso ist nicht der unbekleidete Körper nackt, sondern nur der begehrte, das heißt auch der verfolgte. Die Beute ist kein Leichnam, man muss sich auf ein Duell, eine Jagd, einen Parcours einlassen. Der Maler wird in dem Moment zum Kannibalen, wo er nicht ein Stillleben, sondern ein verschlingendes Leben malt, das sich auf Feuchtigkeiten, einen klaffenden Riss, eine Vulva und einen Bauch öffnet. All diese Bilder, die ich lange betrachtet habe, sind skandierte Momente eines Geschlechtsakts. Der Moment der Furcht und des Abwesendseins mit der dargebotenen Kehle; der Moment der Verrenkung, wenn man gleichzeitig seinen Mund und sein Geschlecht darbieten (oder ergreifen) will; der Moment, wo sich der Arm des Liebenden und das Gesäß der Liebenden verschlingen; der Moment, wo die Beute, an ein Fenster gelehnt, an ihr Leben davor denkt und zugleich ihre Freiheit und den köstlichen Tod begehrt; der Moment, wo das Geschlecht des Malers die Frau durchdringt, bis es zu ihrem Gesicht wird; der Moment, wo die Frau wieder zu sich kommt und der Maler nur noch der Liegenden Umriss ist, der Moment der Reglosigkeit, eine stille Version der Vergötterung. All diese Momente sind Gemälde, Skizzen oder Studien. Endlos wiederholt, vertieft.

Vampirismus ist eine tragische Form der Routine, und Picasso gibt sich ihr hin, gibt ihr nach, ist zu ihr verdammt. Seine Kunst ist seine Art, die verhängnisvolle Verdoppelung zu überwinden. Seine Frauen sind in den verschiedenen Epochen seiner Malerei Marionetten seiner Rituale, da bin ich sicher. Ich hatte einen vielleicht anmaßenden Einfall dazu: Dieser Maler sei es sich schuldig, zu wiederholen, genau zu studieren, zu verfeinern, aber das bedeutete auch, seine Routinen einzugestehen, denn auf seinen Bildern sitzt die Frau lange, spielt lange am Strand, blickt eine Ewigkeit aus dem Fenster und liegt eine Ewigkeit nackt da, wieder und wieder, zehn Skizzen, bevor sie in einer bestimmten Haltung akzeptiert wird.

Und auf einmal fällt mir der Knochen ein, der ihn so sehr fasziniert und von dem er in einem wunderbaren, machtvollen, für seine Ego-Träumereien so bezeichnenden Bild spricht: »Haben Sie bemerkt, dass die Knochen immer modelliert, nicht behauen sind, dass man immer den Eindruck hat, dass sie aus einer Gussform stammen, nachdem sie aus Ton modelliert worden sind? Welchen Knochen Sie auch anschauen, Sie werden immer die Spur von Fingern darauf finden … […] Ich sehe immer, auf jedem Knochen, den Fingerabdruck des Gottes, der ihn zu seinem Vergnügen geformt hat«, vertraute er dem Fotografen Brassaï an, den er in diesem Jahr 1932 traf. Auf dem Körper von Marie-Thérèse machte er sich zum Gott und vergnügte sich damit, auf ihren Knochen und ihrem Fleisch die Spuren von Händen zu hinterlassen, genau in dem Moment, wo er sie ertastete, oder vielleicht in dem, wo er sie modellierte. Er machte sich zum Schöpfer, er wollte zu dem göttlichen Augenblick zurückkehren, in dem ein Gott seinen Lehmklumpen ergreift.

Mein fiktiver Abdellah wird diese sublime Blasphemie undeutlich spüren. Gottes Gesetz zufolge gehört dem Menschen sein Körper nicht, noch weniger, wenn es sich um den einer Frau handelt: Es ist verboten, an Missgestaltetes zu rühren, ästhetische Korrekturen vorzunehmen, Augenbrauen oder Nasen oder Brüste zu verändern. »Möge Gott in seiner Barmherzigkeit diejenigen fernhalten, die epilieren oder sich auf der Suche nach Schönheit epilieren lassen, sich tätowieren oder Abstände zwischen die Zähne machen lassen und so die von Gott gegebene Form verändern«, dekretiert ein Hadith, der sich in den orthodoxen Schriften auf den Propheten Mohammed beruft. Im Koran existiert diese Anweisung nicht, aber die Tradition ist streng, was das Eigentum des Körpers und die Regel der Unverletzbarkeit der Form angeht. Der Eigentümer ist Gott. Der Körper ist geliehen, wir sind Mieter. Das schafft eine beunruhigende Distanz zwischen einem selbst und der Welt, die manchmal Metaphysik oder Glauben genannt wird. Der Mensch, nur für kurze Zeit Mieter eines Körpers, der ihm nicht gehört, wird ihn distanziert und misstrauisch behandeln, außerstande, sich furchtlos zu befreien, und kann den anderen töten, ohne ihn wirklich zu töten. Der Tod ist hier nicht endgültig, weil auch das Leben es nicht ist, wie in allen Monotheismen. Kurioserweise ist für Abdellah nicht das Töten eine Sünde, sondern die Veränderung. Ermorden heißt, den Körper der Ewigkeit zurückgeben, doch die Form einer Lippe, eines Busens oder einer Augenbraue modifizieren heißt, etwas »korrigieren«, was an sich absolut ist und Ihnen nicht gehört. Nur das ist in seinen Augen strafbar und verworfen.

Daher wird derjenige noch schrecklicher verflucht, der den Körper plündert, um dann die Geste seiner Empfängnis nachzuahmen, das »Es werde! Und es wurde« zu kopieren. In den Augen des fremden Beobachters, der ich bin, hat das Abendland innerhalb von zwei oder drei Jahrhunderten einen gefährlichen Gesetzesverstoß begangen: Er besteht darin, das Eigentum des Körpers dem Unsichtbaren, dem Himmel, dem Ursprung, Gott oder der Utopie zu entreißen und ihn den Künsten, dem Menschen, dem Begehren, dem Sich-Bräunen, den Malern wiederzugeben! Die Religionen, insbesondere die Monotheismen, sind eine Enteignung des Körpers. Der Materie wird eine Berufung zum Schleier, zum Betrug, zum Ballast unterstellt, man erfindet das Märchen, die Seele sei Geisel des Körpers, während es genau umgekehrt ist. In den Wirren und der Gewalt seiner Revolutionen hat das Abendland versucht, ein Gegengewicht zu dieser Pathologie zu schaffen, und kam allmählich und verworren zu dem Schluss, dass es die Seele ist, die die Sonne trübt, die Wärme dämpft, den Geschmack von Salz und Speichel verfälscht, die Evidenz von Gewicht und Maß in Zweifel zieht und die Reize auf den Kopf stellt. Die Seele ist es, die den Körper davon abhält, sich die Welt zu eigen zu machen, sie ist es, die uns zu große Handschuhe überstülpt und unser Blut unter Glas stellt. Die Kunst ist ihr Gegenteil, die umfassendste Bewegung zurück zum biblischen Apfel, die dem Jüngsten Gericht den Rücken kehrt. Die Kunst gestaltet, führt den Körper also wieder in seine Heimat, zu seinen Sinnen zurück, verleiht ihm seine Dichte, belebt ihn, fixiert ihn, um sein Verschwinden aufzuhalten, bringt ihn im Mund von Büchern zum Sprechen, selbst wenn er tot ist, macht sich daran, ihn zu heilen oder ihn im Tanz und in Skulpturen auch den schwersten Zeiten trotzen zu lassen. Die Kunst ist keine Idee, sondern Widerstand gegen die Idee. Das Gebet, so siegreich es ist und seinen Geistlichen zum Trotz, weicht darin dem menschlichen Imperativ des Genusses. Der Körper, der im Namen des Himmels und der Religionen angeklagt, besudelt und verworfen wurde, lehnt sich auf, macht seine Rechte wieder geltend und gewinnt langsam seine Stärke zurück.

Die Kunst ist der Körper – ein alter Krieg. Ihr Gegenteil ist der Mord oder das Märtyrertum. Ihr Gegenteil ist der Verrat. Abdellah wird den Ungehorsam gegen das göttliche Gebot, seine Grausamkeit und Anmaßung heftig empfinden. Er wird zittern vor Zorn, in der Stille der Galerien den Skandal herausschreien, seine Gründe für die Verwüstung bestätigt finden, entscheiden, dass dies ein Angriff auf die Gottgegebenheit des Körpers ist. Er wird sich zum Söldner der Seele, zum Strafrichter des Körpers machen. Zum Inquisitor. Hier bekriegen sich zwei Ursprünge der Welt. Der eine ist Text, der andere Geschlecht. Der eine ist ein Gemälde, der andere ein Gesetz. Abdellahs Weltanschauung stellt die Dinge auf den Kopf: Er will den Körper nach dem Tod und die Seele vor dem Dahinscheiden. Er will sich selbst aufgelöst sehen, ätherisch, unsichtbar, ohne Gewicht noch Konsistenz, durchscheinend, um die Möglichkeit des Nackten und des Geschlechts zu vereiteln. Im Jüngsten Gericht oder bei der Auferstehung wird sein Körper einbestellt, aufgefordert, gefoltert oder belohnt, verhört und dazu getrieben, wider sich selbst zu zeugen. Die Kunst will das Gegenteil, die Kunst will nur den Körper, weder das Jüngste Gericht noch das erste. Sie will eine Ewigkeit, die nicht im Tausch gegen einen Prozess ausgehandelt wird. Eine erreichbare Seligkeit, die nicht der Belohnung für einen Verrat gleicht. Die Kunst ist der Rücken der Welt: Sie trägt deren Gewicht, und die Epochen hinterlassen darauf ihre Zeichen und eintätowierten Erzählungen.

Aber welchen Geschmack hat das Menschenfleisch am Ende der kannibalischen Jagd?

DIE NEUERFINDUNG DES AKTES

Picasso malt Aktbilder. Wie das ganze Abendland. Nur tut er dies mit dem Auge des Jägers, dem erotischen Auge gewissermaßen: Er fixiert das Begehren und das Begehrte. Er malt zugleich seinen eigenen nackten Körper, eingefasst in die Nacktheit des Modells, das zum Aquarium einer Obsession wird. Das ist seine große

Revolution, sein Anti-Abendland, sein Attentat auf die alten Formen seiner Zeit. Im klassischen Aktbild verbirgt der Körper das Geschlecht, löscht es aus, entleert es seiner essenziellen Gewalt, entkräftet es mit Lauheiten, macht eine Studie daraus. Hier sind das Geschlecht, der Schamhügel, die Brüste, die Vulva und das Gesäß der wahre Körper, der die übrige Anatomie in den Hintergrund drängt. Das Modell besteht nicht mehr aus dem Schenkelpaar, das ein dicht behaartes Geschlecht verbirgt, es ist diese Vulva, und die Beine verlängern sie wie ein Tal. Die Nase ist eine Verlängerung der Rute. Der Körper wird Anhängsel des Geschlechts, nicht umgekehrt. Das Modell ist auch kein auf Distanz gehaltenes, im Atelier frierendes Objekt, sondern steht dem Blut des Malers viel näher, ist Bewegung. Der Künstler zeichnet keine Frucht, sondern das Kauen und den Speichel. Der Maler ordnet neu, was Sitten und Puritanismen einer hartnäckigen Kultur uns aufgezwungen haben: Bei ihm fallen Gesicht und Gesäß in eins, die Brüste steigen bis zum Hals hinauf, und so weiter. Die Liebende wird durch das Begehren wahrgenommen, nicht wie nach einer Autopsie. In der gewaltsamen Gleichzeitigkeit des erotischen Verlangens. Die begehrte Frau wird nie seziert, sondern zusammengesetzt. Sie ist kein Stillleben, sondern Tod und Leben. Marie-Thérèse windet sich, denn sie wird gebissen, von einem Mann genommen, lässt es mit sich geschehen, lässt sich essen, sie ist Fleisch im Gaumen eines Mundes. In Gestalt einer

Krake gemalt, auf manchen Bildern einer Qualle ähnlich, ist sie kein Ungeheuer, sondern die Spiegelung von Picassos ungeheuerlichem Verlangen nach dieser jungen Frau. Er isst sie, ob knochenlos oder hart, haut- und kantenlos, in Reglosigkeit gefesselt und besiegt. Alles ist ein narzisstisches Porträt des Malers, sein Gesicht ist unsichtbar jeder Physiognomie eingeschrieben.

Es ist das Selbstporträt eines unersättlichen, manischen Satyrs.

Auch dieser Befund frappiert mich. Er entspricht eher der Vorstellung vom Körper, die ich in meiner Weltgegend erlebt habe: Der Körper ist ein monströses Geschlecht, das auf die Sprache, die Gesten, die Andeutungen, das Unsichtbare übergreift. Es ist das Diesseits des Körpers, während Gott dessen Jenseits ist. Denn das klassische Aktbild hat nichts Erotisches, sondern zeigt lediglich, was im Allgemeinen davon übrig bleibt – und man täuscht sich, wenn man beides verwechselt. Das eine ist gewalttätige Unmittelbarkeit, tragischer Kampf, Hetzjagd, Beißen und Kratzen, Bewegung, unstete Omnipräsenz im anderen Körper. Und das andere kartografiert den Kanon einer Epoche: Üppigkeit, Ernte, Schmuck.

In diesem Zyklus des Jahres 1932, dem Jahr der Begegnung des Malers mit der jungen Frau in Paris, der

Geschichte von Heimlichkeiten und Besessenheit, von brennendem Sexus und Gemälden, die wie ein Tagebuch davon erzählen, zeigt sich der Körper nicht in seinen Formen ruhend, sondern in der Gleichzeitigkeit all seiner mobilisierten Sinne. Seine Deformation ist eine List, um seinen Schweiß, seine Bewegung, sein Keuchen zu malen. Der Schlüssel zu diesen Szenen lässt sich finden, indem man sie der kannibalischen Leidenschaft folgend decodiert: Wenn ich die begehrte Nahrung, die gejagte Beute kaue, wenn sie meine Hände und meinen Mund füllt, erlebe ich eine Explosion von Geschmäckern und Bildern. Das erklärt diese unwahrscheinlichen Blickwinkel. Versuchen Sie es, Sie werden mit Salzen vermischte Farben sehen, geborstene Bilder des gegessenen Körpers, Holzreste mit dem Geschmack einer Brustwarze, Mischungen, die sich auf der Zunge, im Gaumen verbreiten, bis sie sich mit ihren vielfältigen Aromen im ganzen Blutkreislauf verteilen. Der erotische Körper zeigt sich so, wie Picasso und seine Genossen ihn malen, auf eine Weise, die mich in meinem einengenden Universum der Kalligrafien aus dem Gleichgewicht bringt: Er ist ein Nebeneinander von Schamhügel und Achsel, Profil und Hand; die Kruppe liegt am Mund der Marionette, und ihr Gesicht hat keinen Nacken, weil wir von ihm besessen sind und es immer wieder umkreisen. Was wir sehen, ist ein Augenblick der Verkostung, eine physische Unmöglichkeit, aber erotisch eine Möglichkeit. Das gegessene Fleisch ist ein einziger Augenblick.

Möglich, dass der vergötterte Maler die Körper nicht in der Tradition des beginnenden 20. Jahrhunderts, sondern so malt, wie sie nach zwei Weltkriegen und einigen verzweifelten Orgasmen sind. Wenn man begehrt oder besessen wird, geraten ihre Dimensionen in der Hektik der Bewegung, im Zusammenprall durcheinander. Hier ist der Körper wahrhaft nackt. Erst nach dem Orgasmus, wenn die Leidenschaft schwindet und die Sinne wieder ihrer naturgemäßen Ordnung folgen, fügt er sich unseren kanonischen Vorstellungen wieder ein, wird wieder »unserer«, alltäglich und ohne Tiefe. Der gesättigte Körper ist nur die Erinnerung an einen anderen, eine letzte Spur davon. Man liebkost ihn nachlässig, hält sich bei seinen Fehlern auf, berührt ein paar unschöne Stellen, die von der Kleidung kaschiert werden, lernt wieder seine Unterschiede erkennen.

Auf diesen Bildern, die ich so genau wie möglich betrachte, wie ein Eindringling in ein Hochzeitszimmer, scheint jeder Körper mit einem unsichtbaren Wesen zu schlafen. Dieser hartnäckig Unsichtbare ist der Maler selbst, seine Kunst. Picasso malt im Akt der Frau immer wieder sich selbst. Sein Ziel ist der Paroxysmus des Selbstporträts: in dem man ihn von innen sieht, im Vertikalschnitt seiner Obsessionen, aus dem Blickwinkel seiner Besessenheit. Für dieses verbissene Selbstporträt zeichnet der Maler sich aufgelöst, im Bauch der Frau. Und da begreift man auf einmal, warum Picasso so großzügig, fast übertrieben auf Farben zurückgreift. Wie soll man in der Malerei den Atem oder den Schrei ausdrücken? Mit Farben. Zu Farben gewordene Vokale. Es gibt auch nichts Besseres, um die Temperatur der Obsessionen auszudrücken.

WIE EINE FRAU ESSEN?

Das frage ich mich um drei Uhr morgens. In der Stunde, da die Nacht auf der Kippe steht, wie es heißt. Es ist weder hell noch ganz dunkel, in Paris sind die Geräusche von Frühaufstehern und Nachtbummlern zu hören, die Lichter werden grau. Die Frage des »Wie« ist wesentlich für ein Handbuch des Verschlingens. Die erste Regel zum Beispiel, wenn man eine Frau essen will, ist, sie in ihrer Einzigartigkeit zu *erkennen.* Den Zufall einer Begegnung in eine fast logische Notwendigkeit zu verwandeln. Die Frau, nur diese Frau hat diesen Körper, der zugleich ganz, voll und die Hälfte meiner Leere ist. Er beschwört die Vegetation des Paradieses herauf, wie zu Beginn der Zeiten. Anfang und Ende der Geschichte. Eine Art Konkavität. Die begehrte Frau hat einen bestimmten Klang in der Menge, Streifen, die durch das Geflecht von Fleisch und Stoffen entstehen, sie offenbart sich durch die Begegnung, im Moment des Lächelns oder wenn das Gesicht sich öffnet, weil Blicke sich kreuzen. Man stößt in einer Gasse oder bei einer Abendgesellschaft auf sie, und alles in ihrer Umgebung erstarrt. Dann beginnt man, im Wald der Umstände und Gewohnheiten ihrer Spur zu folgen, Gestrüpp aus dem Weg zu räumen, erblickt sie im Unkraut oder im Kalender, in Zeitplänen, oder wenn man schlaflos ist. Die Jagd ist eröffnet. Im Körper des Jägers wird ein Herz zum Speer und zur Nase, die im Wind schnuppert. Die Hand weiß, dass sie ganze Bäume beiseiteschieben oder die ganze Erde an sich ziehen kann wie ein Stück Stoff oder einen Vorhang. Der Körper des Jägers verspürt das Bedürfnis danach, entblößt sich, offenbart sich und lässt seine inneren Hohlräume, seine Leeren sehen. Er zieht die Schuhe aus, denn die Erde ist heilig wie in einer Moschee oder einem Tempel. Er träumt mit größter Klarheit davon, zu sterben, mit Brüsten oder Lippen als Grabstein. Der Name verschwindet im Gedächtnis, denn in der erotischen Begegnung hat man keinen Namen mehr, nur die provisorische alte Gemeinsamkeit von »du« und »ich«, die Platz lässt für das nackte Fleisch. Und auf dem Weg, der zur Geliebten führt, wendet man alberne alte Listen an. Man wird zum Clown, wie man sich da mit hochgerecktem Hintern ins hohe Gras duckt, die Augen halb geschlossen über einem Geheimnis, das für andere banal ist. Bei schrillen Signalen stellt man die Ohren auf. Man legt sich flach auf den Boden, um zu schnuppern, und der Duft des anderen Körpers ist ein Gemälde, ein Pfad, ein Knöchelchenspiel und ein spöttischer Kobold.

Man nimmt das geringste Geräusch seines eigenen Herzens in dieser Hülle wahr. Man erstarrt, dann kriecht man weiter. Man bewegt sich vorwärts. In aller Stille.

Man muss die Frau, die man essen will, ruhigstellen. Deshalb schenkt man ihr Blumen, um die Zeit für sie anzuhalten. Oder auch Parfüm, um ihre Wachsamkeit zu überlisten und sie ihren eigenen Hunger vergessen zu machen. Man spricht mit ihr, um sie zu lähmen. Man beschreibt ihr den Traum, denn es braucht den Traum, damit sich die Lider senken und um den Schlaf, die Nacht herbeizurufen. Nachts ist der Geschmackssinn empfänglicher. Der nächtliche Gaumen ist weiter. Man hat das Gefühl, dass die Dunkelheit ein alter Meister und die Sterne Schlepperinnen sind. Man redet auf die Frau ein, bis sie darüber ihren Namen, ihre Geschichte vergisst. Sie fällt ins Unendliche und in die Anfänge der Welt zurück. Sie hält sich für die Ewigkeit. Deshalb bleibt sie nachdenklich, wenn man sie in den Anblick eines Stilllebens, eines Fensters, einer Birne versunken zeichnet.

Dann muss man die Schwerelosigkeit nutzen und die Beute an der Hand nehmen, damit sie sich in Spiegeln und schönen Worten betrachtet. So fühlt sie sich nicht allein, sondern auf ihrem Opfergang begleitet. Sie macht sich zum Schaustück, genau da, wo man zum ersten Biss ansetzt, zum Kuss, der das Verschlingen maskiert, die Lust, ihr Fleisch und die Zeit zu essen. Der Apfel ist sie, und der Baum ist eine Wand, das Paradies ein Reim und Gott ein Ticktack. Die Frau gibt sich der Ewigkeit hin und streckt sich aus. Die Jagd ist noch nicht zu Ende. Im letzten Moment vor dem Sex zieht man sich die eigene Haut ab, die des Jägers, der sich entblößt und sein eigenes Fleisch Stück für Stück ablöst und dabei die unerschöpfliche Lippe verschlingt. Er legt die Arme um alles, was er erlebt hat, Minute für Minute, stellt seinen Namen in die Dunkelheit und bildet vorher vernachlässigte Sinne aus, Tentakel. Er hat mehr als dreiunddreißig Finger oder Glieder. Der ganze Wald wird von diesem kannibalischen Feuer entflammt, das den Liebenden röstet, bis er zum Funken wird. Das ganze Feuer arbeitet auf diesen Funken hin, ist der Weg vom Holz zu einer zermalmten Frucht. Eine Kletterpartie, ein wissendes, instinktgeleitetes Aufwärtsstolpern. Natürlich ist der Rhythmus abgehackt, so muss es sein bei der Auflösung in eine andere Schwere, eine andere Schwerkraft.

Nachdem Haut und Name abgelegt sind, bleiben die Hände. Der Jäger weiß jetzt, dass er essen und noch mal essen will und dass die Liebe einer anderen Reihenfolge gehorcht als der Bauch. Das Schambein wird zum Kreuz, zum Land, zum Vergessen. Nein, nicht zum Vergessen, sondern Sich-Hineinvergraben, Rückkehr zum Lehm, zum dichten, saugenden Ton. Das ist eine invertierte Wasserquelle: Sie trinkt den Rest der Welt. Am Ende begreift man, dass die Religion nichts als die Marionette eines Begehrens ist. Man muss zur Scham der Frau, zu ihrem Körper gehen und sich essen lassen. Das ist das wahre, das erste Gebet. Man muss rückwärts durch die Kultur unserer Zeiten gehen, den umgekehrten Weg nehmen: von den Schriften zur Kultur und weiter zurück zum Märchen, zur Jagd, zum Stammesfeuer, dann dem biblischen Gott sein beleidigendes Lamm zurückgeben, den Sohn in den Bauch seiner Mutter zurückkehren lassen, und noch weiter zurück zur Frau, zur Menschenfresserei, zum alten Opferritual; sich opfern. Das Einzige, was einem mit fünfzig Jahren auf Erden noch bleibt, ist, sich verschlingen zu lassen. Picasso hat es 1932 erlebt. Das ist das Höchste, was man sich verdienen kann. Wer würde das bestreiten?

Deshalb wird die Frau in manchen Kulturen wie ein Mysterium verehrt. Sie ist flüchtig und notwendig, souveränes Opfer. Am besten zusammengefasst wird dies vielleicht in dem dunklen Ausdruck »der unbefleckte Kannibalismus«.

Die eigene Haut, seinen Körper zerreißen, nur den Mund behalten und die Hände, die das Verschwinden vollenden: Das malt Picasso unausgesetzt in diesem Jahr. Im fast vollbrachten Jagdritual, gleich nachdem er die Beute erlegt hat, muss er im unmittelbar bevorstehenden Orgasmus die Haut vom Muskel des Willens trennen und mit seiner Zunge, die im Kuss tief in den Mund der anderen eingedrungen ist, seine eigenen Eingeweide erreichen, sich an den Füßen an einem Baum aufhängen wie ein zu zerlegendes Wild, getrieben von dem Bedürfnis, die Ordnung der Welt umzukehren und den Kopf unten zu haben. Alles soll wieder zu den Anfängen zurück. Er will sein Blut rinnen sehen und es wie eine Geschichte erzählen. Sich von lauter Küssen die Lungen nehmen lassen. Sich von der Penetration das Geschlecht abschneiden lassen und selbst das ganze Geschlecht werden. Schlachtabfall werden, ein abgetrennter Kopf, der nichts gegen die Qual und die Leidenschaft vermag. Ein Körper, der von einem Grab voll Glück aufgesaugt wird.

In seinem Wunsch zu verschlingen, einzugestehen, dass die Malerei ein Akt des Tastens und Ergreifens ist, wendete Picasso manchmal einen geschickten Kunstgriff an: Er malte Skulpturen. Er misst den Körper in zwei Verfahren aus. Am Ende malt Picasso nicht seinen Blick, sondern was seine Hände greifen, als wollte er den Abdruck eines Gottes auf der Modellierung der Knochen hinterlassen. Deutlicher, aufbrausender, gewaltsamer in der Bekräftigung kann man nicht sein. Einen Stein malen ist zugleich ihn anschauen und ihn packen. Es ist, als wollte man einen Duft erzählen: ihn erleben und fixieren. Seine Flüchtigkeit betonen, aber ihn gleichsam von innen, mit den Sinnen spüren lassen.

Zwei Bilder von Ende Januar 1932 mit den banalen Titeln *Femme au fauteuil rouge* und *Femme assise dans un fauteuil rouge* zeigen ein prekär aus Steinen und Kugeln zusammengesetztes Wesen. Man kann sich in Deutungen dieser aufs Wesentliche reduzierten Formen im Ocker und Schwarz von Blut verlieren, bis man begreift, dass es sich um das Porträt einer Modellierung handelt, nicht eines Modells, nicht das Porträt eines Lebewesens, sondern einer Skulptur, die aus verschiedenen Lehmformen zusammengesetzt ist. Der Mann, der umarmt, betastet, »zeichnet ein Gesäß, indem er im Dunkeln tastet«, wie Picasso sagt, und kehrt mit der Erinnerung an Formen zurück, denen er begegnet ist und die er gekostet hat. Die gemalte Skulptur ist die Vollendung einer Inbesitznahme. Picasso berichtet von dem Moment, wo ein Künstler einen Klumpen Lehm ergreift und mit geschlossenen Augen formt, um im Geist gegenwärtig zu halten, was er verkörpern will. Ich kreise immer noch um diese Bilder, belauere sie und male mir eine Version der Geschehnisse aus: Der Künstler wollte diese Frau sehen, wie ein Gott sein Geschöpf sehen würde. Das heißt, im Moment seiner Hervorbringung, im Gespür seiner Hände. Dieser Körper kommt aus einer Werkstatt, er zeigt eine Werkstatt. Die klassischen Porträts blieben zu lange beim Fleisch, imitierten einen Gott in den Formen, nicht in den Strukturen. Man glaubte damals, der Körper sei der sichtbare Teil der Seele, die durch Farben dargestellt oder in den Augen zu erraten sei. Der verborgene

Teil des Körpers war ein Jenseits, Picasso macht eine anatomische Studie daraus. Um sich als Gott zu fühlen, kann man nichts Besseres tun, als den Körper des geliebten Wesens zu nehmen und ihn von den Knochen ausgehend neu zu erschaffen. Man fühlt sich göttlich, wenn man Knochen modelliert und auf den abgerundeten Formen die Spuren seiner eigenen angespannten Muskeln hinterlässt. Gott, das war das Porträt einer Frau, die von innen – oder von früher aus – gesehen wird! Es sind auch die kannibalischen Reste einer Mahlzeit. *Femme assise dans un fauteuil rouge* ist die Frau, eingefangen in dem Moment, da sie noch eine Idee im Kopf eines Gottes ist, oder eine Form, die sich in seinen Händen abzeichnet. Von dieser Beziehung zu den Knochen spricht der Maler selbst, sie fasziniert ihn.

Ist diese Frau entwürdigt? Nein. Sie läutert sich, strömt in ihre konvexe Form zurück, rundet sich, wird wieder antike Sphäre und stellt sich als prekäres Gleichgewicht von Steinen dar. Sie braucht nur die Lider oder die Hüften zu bewegen, und alles setzt sich neu zusammen. Eine ideale Huri: sie verändert sich beim leisesten Luftzug, je nach Begehren oder dem indirekten Licht durch ein Fenster. Sie setzt sich und setzt sich zusammen. Sie neigt sich und richtet sich auf. Sie ist das lebendige Idol, der Stein, der sich unter den Fingern verändert. Im Paradies ihrer Pose ist sie das Zentrum, der Ort des Gebets, das, was vom Heidnischen übrig ist, der Mittelpunkt, um den sich der Tastende, der Erregte dreht. In diesem Zyklus liegt eine auffallende Lust, die Fruchtbarkeit zu zeichnen.

Ich bin dessen ganz sicher.

DAS EXHIBIERTE GESCHLECHT DES ABENDLANDS

Das Abendland ist ein Frauenkörper, ein Begehren, das mich quält, weil ich ihn mir nicht aneignen kann, eine in Milliarden Zeichen und Bildern, Schauspielen und kulturellen Äußerungen ausgestellte Nacktheit. Moralische Auflösung, künstlerische (Re-)Komposition.

Picassos Frau mit den tausend Körpern – Marie-Thérèse Walter – ist auch meine nie erlebte, aber immer ersehnte Geschichte. Ich habe erst mit etwa fünfundzwanzig Jahren eine völlig nackte Frau gesehen. Davor war sie eine verstreute Geschichte: eine braune Brustwarze mit vierzehn, eines Sommers ein Schenkel, als eine nach Frankreich ausgewanderte Cousine zurückkehrte, das Gesäß einer Frau in einem Werbefilm, als wir es in meiner Jugend geschafft hatten, die spanischen Sender reinzukriegen, glänzende Lippen auf einem Buchumschlag, als ich neun war. Die Besessenheit von der Jungfräulichkeit verbot den Zugang zur Scham der jungen Mädchen, die man küsste, Sex war für uns eine unsichtbare, drückende Welt, Gesetz der ursprünglichen Schwere, ein schwarzes Loch, das alles in seinen Bann zieht, einschließlich der Wörter, wenn man ihm etwas zu nahe kommt.

An der Universität dann war die Frau lange ein halber Körper, eine Brust, eine Art Zentaur auf einem Sockel aus Stoff. Skulptur eines Kopfes mit Brüsten, die die Wangen des begehrten Ungeheuers blähten, ein Stillleben: Büste, Scherenschnitt und Palette, Stillleben am Fenster, enthauptet. Heute predigen manche Imame, um Gott zu gefallen, dürfe man nur in völliger Dunkelheit, hinter einem Vorhang oder Leintuch tastend mit seiner Frau schlafen, womit die Kunst des Anti-Nackten, diese Enteignung vollendet wird. Mein fiktiver Abdellah wird davon träumen, aber in einer merkwürdigen Umkehrung: Das Nackte ist nach dem Tod verheißen, das Leben hingegen muss dem Blick, dem Licht entzogen werden. In den heiligen Büchern kommt der Körper nur als Zeuge der Auferstehung vor, Körper ist er erst im Jüngsten Gericht. Der Koran erzählt auch, dass jedes Glied, jedes Organ sich als Zeuge für oder gegen die Seele wenden kann. »Du hast gestohlen!«, sagt dann die Hand. »Du bist geflohen!«, sagt dann das Bein. Und der Körper wird je nachdem der Folter, dem Feuer oder der Wonne, dem Unendlichen, dem Orgasmus oder der Trunkenheit überantwortet. Das Jenseits ist körperlich, fleischlich, voller Sinnlichkeit wie ein Basrelief asiatischer Tempel. Hinieden hingegen herrscht das Reich des Unsichtbaren: Der Körper muss verschleiert, versteckt und dem Wasser unterworfen werden, um seine Reinheit zu steigern, gegeißelt werden, um durch die von der Peitsche aufgerissene Haut die Seele zu offenbaren, durch Fasten leichter gemacht, durch den Gebetszyklus bezwungen werden. Er muss sich entschuldigen. Das ist die theologische Anordnung. Ich stelle mir Abdellah angesichts der auf den Kopf gestellten Ordnung hier vor, wo der Körper vor dem Tod schon nackt und das Jenseits nur eine Idee, eine Seele, ein Luftzug ist! Das ist ein unerträgliches Dementi, eine umgestürzte Hierarchie, die Umkehrung der Zeitfolge. Der heftige Schmerz der Ahnung, dass das Paradies hier ist, hier, in seiner schmerzenden Kürze, kann ihn zerstören. Oder ihn dazu treiben, zu zerstören. Seine Panik vor dem Nackten offenbart einen Selbstmord, den er nicht zugeben kann. Also verwüstet er Picassos Gemälde, das Abendland, den Körper, die alten Mauern, die Bücher, die von Umarmung und von allem, was Rundung und Wallung ist, erzählen. Abdellah will Robinson bekleiden oder ihm seinen Körper nehmen, um den Skandal seiner Nacktheit zu beenden.

*

Das Abendland ist ein Akt, es ist nackt. Abdellah will es auf den rechten Weg bringen, es anständig machen, ihm das Geständnis abringen, dass es verbrecherischerweise diejenigen hat bekehren wollen, die es in der Zeit der Kolonisation blutig beherrscht hat. Das ist die Umkehrung der Verhältnisse der letzten drei Jahrhunderte: Missionar ist nicht mehr der Abendländer, der die Barbaren, die »anderen« bekehren will; sondern der Andere, der im Abendland landet und es zum neuen zornigen Gott bekehren will. Das Abendland ist nicht mehr Expansion, sondern Rückzug. Nicht mehr der Befehlende, sondern der, dem befohlen wird.

Aus diesem neuen Blickwinkel lese ich eine bestimmte Stelle aus *Robinson Crusoe* nach und male mir aus, wie schockiert Daniel Defoes Freitag über die lässige Nacktheit eines modernen Robinson wäre, denn ich betrachte diesen klassischen Roman gern mit den Augen von Borges, der sich über diesen Text aus dem frühen 18. Jahrhundert amüsierte. Der Prediger und Proselyt Abdellah wäre plötzlich um die Tugend des Touristen und Sonnenanbeters Robinson besorgt und versuchte sich um sein Wohl zu kümmern. *»Dort gab ich Freitag vor Allem ein Paar leinene Hosen, die ich aus dem Koffer des oben erwähnten armen Kanoniers in dem Wrack genommen hatte. Nach einer kleinen Veränderung paßten sie ihm ganz gut. Dann machte ich ihm aus Ziegenfell, so gut ich es vermochte, ein Wamms, denn ich hatte mich jetzt zu einem ganz leidlichen Schneider ausgebildet. Ferner fertigte ich ihm aus Hasenfell eine Mütze, die ihm recht* *hübsch zu Gesicht stand, und so war er fürs Erste ziemlich gut bekleidet. Es machte ihm nicht wenig Vergnügen, sich beinahe so schön als sein Herr selbst equipirt zu sehen. Freilich sah er im Anfang in seinem Kostüm etwas sehr linkisch aus. Die Hosen schienen ihn zu geniren, und die Wammsärmel drückten ihn auf der Schulter und unterhalb der Arme. Nachdem ich aber die Stellen, über die er sich beklagte, etwas bequemer gemacht und er sich ein wenig an seine Kleidung gewöhnt hatte, behagte er sich ganz wohl darin.«*[1] Wie verrückt diese Stelle in den Ohren des 21. Jahrhunderts klingt! So nah am Witz wie am tragischsten Delirium!

Mein Abdellah träumt also davon, sein Gegenüber anzukleiden. Und verwechselt Tugend und Vernichtung. Wie einst Robinson gelangt er im Namen einer Kultur oder eines identitären Fantasmas auf seltsamen Wegen zu dem Schluss, dass die Entblößung eine Beleidigung, ein Skandal sei. Er wiederholt, das sage ihm seine Kultur, seine Weltanschauung, seine Überzeugung oder seine Religion, aber im Grunde gesteht er damit nur sein Entsetzen vor dem Nackten ein. Einen Körper anerkennen, heißt auch zugeben müssen, dass man einen hat, ihn mit anderen teilt und sich bei der Jagd nach Liebe gerne verschlingen lässt, folglich auch anerkennen, dass

1 Sämtliche Zitate nach Projekt Gutenberg, Daniel Defoe: *Robinson Crusoe*, übersetzt von Karl Altmüller, Bibliographisches Institut Leipzig 1869, 10. und 11. Kapitel.

Orgasmus und Schwerelosigkeit die beiden großen Gebote unseres Körpers sind. Dass der Kuss Vorrang vor dem Gebet hat. Wenn Abdellah seinen Körper verleugnet und der Frau den ihren verweigert, um das Begehren nicht anerkennen zu müssen, dann tut er das, weil er mit Gott verschmelzen, Gott sein will. Er verschleiert die Frau, weil er sein Begehren verschleiern will, das er nicht leugnen kann. Also macht er Jagd auf das Nackte in all seinen Erscheinungsformen. Das Nackte ist sein schwarzes Tier, dicht behaart wie das Vlies über der Scham, der Beweis seiner Sterblichkeit. Er verschleiert es, verschleiert sich darin.

Das Nackte ist immer roh. Alles wirkt darauf hin, es zu vermindern, während es doch jedes Leben umtreibt. In den besten Zeiten ist die Kultur die Zierde des Nackten. In den schlimmsten Momenten einer Geschichte ist es das Groteskeste alles Unsichtbaren, weil es überall ist. Es durchlöchert die Sprache, sucht in ihr durchzuscheinen, ihre Innenseite zu werden, bringt Unordnung ins Wörterbuch, in die Redewendungen, sucht nach Andeutungen, kurz, verbiegt sie mit aller Kraft. Das erinnert mich an den Sexus in meiner Welt, im »Süden« des Mittelmeers, in der »arabisch« genannten Welt: Er ist das sehr sichtbare Unsichtbare. Der hundertste Name aller Dinge. Das Gewicht aller möglichen Anspielungen und Schimpfworte. Ich habe in einem Universum überlebt, dessen Unordnung und strikte Ordnung der Sexus war:

zugleich verboten und offen verkündet. Das große Reich der Anspielung: In meiner Jugend im Dorf und im ganzen Land habe ich den Sexus vor dem Köper kennengelernt. Er regelte die Sprache und den öffentlichen Raum, die Art, wie die Körper sich einander nähern oder berühren durften, bestimmte die Nähe, aber auch den Glanz der Augen und den Grad der Gewalt, die Frauen und Paaren angetan wurde. Alles war sexuell und alles musste es verschweigen.

Seltsamerweise sprechen bei uns die Frauen, einer befreundeten Schriftstellerin zufolge, in präzisen Worten von Sex, in Synonymen wie Hochzeit und Stärkungsmitteln, Stoffen und Kleidern, Henna, Tätowierungen, Haarfärbungen, Lehmbädern zur Verschönerung der Haut. Unter Männern wird von Sex nur in Grobheiten gesprochen, er ist kein Wort, sondern ein Schimpfwort, Gewalt, Unterdrückung, Muskel, keine Kunst. Sex ist zugleich Vorstellung und Entstellung. Er macht die Konservativen und die Fundamentalisten hysterisch. In manchen algerischen Frauengefängnissen dürfen Besucher keine Zucchinis, Bananen oder sonstigen phallischen Früchte in ihren Essenskörben mitbringen. Ein Prediger kam zu Ruhm, weil er im Fernsehen Frauen verdammte, die auf der Straße in aller Öffentlichkeit Eis schleckten. In Filmen küssen Verliebte sich nie, sondern schauen sich an, die Handlung verläuft in unerklärlichen Sprüngen und die Spannung sinkt vor lauter Abwehrmaßnahmen gegen das Zeigen des Kusses. In Städten und Dörfern wird das Paar von der Polizei gejagt wie Verräter, Diebe oder eine Hautkrankheit. Die Bilder mancher algerischer Maler machen sich zu Zeichen, greifen auf die Tätowierung zurück: ihr Modell ist oft die Geschichte, der Körper ist darin weit entfernt, noch nicht befreit, und die Maler sind verfemt oder im Exil oder Erforscher der Wurzeln. Hier in den Mauern des Hôtel Salé, in dieser Stadt, muss ich unweigerlich an den bei uns allerorten gejagten Körper denken, an den verstreuten Schwarm unserer Sinne, diesen Gegenstand von Macht und Menschenraub, rituellen Waschungen und Wirklichkeitsfluchten. Er ist ein Schatten, eine Schwäche, eine Niederlage. Kein Kult ist ihm geweiht: Man wartet auf seinen Tod und vervollkommnet seine Unterwerfung. Er ist eine Last, kein Sockel. Kraft erhält er einzig von der Wut, nicht von der gesunden Sonne.

*

Ein »Araber« beim Betrachten des Malers. Der erotische Picasso ist unflätig, monströs, unbegreiflich. Durch das Fernrohr meiner Kultur kann ich ihn zunächst mustern, mich ihm vorsichtig und voller Vorurteile nähern, mich voller Unbehagen anstrengen zu begreifen. Da macht es mir Spaß, *Robinson Crusoe* weiterzulesen, mir aber vorzustellen, er sei ich, reglos vor der Kunst des Abendlands, seiner Kolonialgeschichte und seiner in diesem

Museum endlich wiedergefundenen Nacktheit. Defoes Roman ist der Roman zweier großer Momente, des Schiffbruchs und der Begegnung. Der Schiffbruch des imaginären Seemanns ist indes nur die Voraussetzung dafür, dass seine Begegnung mit dem schwarzen Mann einen Prozess in Gang setzt. Robinson ist mit Werkzeugen und einer Bibel ausgestattet, und der Wilde ist nackt, nur mit einem Schreckensschrei bekleidet. Für das Kind, das die Geschichte zuerst als Zeichentrickfilm gesehen und dann den Roman gelesen hat, war der Moment der Begegnung am aufregendsten. Die Unterbrechung einer selbstherrlichen Einsamkeit, die zufällige Konfrontation zwischen der Zivilisation des Gekochten und der Erinnerung an das Rohe. Der englische Schriftsteller ist in seiner Inszenierung geradewegs zum wesentlichen Punkt gekommen: Die Wildheit ist noch schrecklicher, weil sie hier als Kannibalismus beschrieben wird, der das Gegenteil der Zivilisation ist. Die Wilden sind noch schrecklicher, weil sie nicht einmal die simpelste Regel einhalten, nicht einen der Ihren zu essen. Es ist ein totaler, wahnsinniger und überdeutlicher Kannibalismus, der der conditio humana und ihrer Trennung in Geschlechter vorausgeht, denn von Weitem gesehen waren diese Wilden weder Männer noch Frauen. Daniel Defoe erweist sich als eifriger Propagandist dessen, woraus sich in den folgenden Jahrhunderten Kolonisation, Positivismus, kannibalischer Humanismus und andere Ideologien entwickelten. Der Moment der Begegnung mit den Wilden ist auch eine Variante des Mythos von Kain und Abel, mit demselben Begräbnis der Leiche des Anderen, seiner Unterschiede.

Aber jenseits dessen, was alle darin gelesen haben, liebe ich diesen Moment für das, was er ist: ewig. Von jedem in Milliarden Gestalten wiedererlebt. Er führt das blutige kulturelle Missverständnis ein, eröffnet jedoch einen neuen Blick auf die sagenhafte Alterität. In Angst oder Faszination, mit Notwendigkeit oder zufällig, in der Schrumpfung auf die Gattung oder Ausweitung auf das sich darbietende Unbekannte. Dann vollzieht sich die älteste Konfrontation, die des Jägers und des verliebten Körpers. Michel Tournier, ein Autor, den ich grenzenlos bewundere, hatte recht, in seinem Roman *Freitag oder Im Schoß des Pazifik* die Geschlechtlichkeit im Raum der Insel wieder ins Gleichgewicht zu bringen. Bei ihm wird die Insel zum abgeschlossenen Ort der Onanie und des Verschlingens. Deshalb habe ich mich, als ich mir an dem zu breiten Tisch in der Halle des Museums Notizen machte, an diesen grundlegenden Text erinnert. Und dann malte ich mir meinen fiktiven Abdellah in der unerhörten Situation aus, an einem kalten, einsamen Strand einen wilden Maler und sein Modell in seinem Universum landen zu sehen. Die unerschöpfliche Geschichte einer ersten Begegnung.

»Wie ich erwartet hatte, so geschah es. Sobald die Flut von Westen her eintrat, sah ich, wie sich die Wilden sämmtlich einschifften und hinwegruderten. Ich muß

noch bemerken, daß sie etwa eine Stunde vor ihrem Aufbruch angefangen hatten zu tanzen. Obgleich ich aber durch mein Glas deutlich ihre Stellungen und Bewegungen beobachten konnte, vermochte ich doch trotz der schärfsten Aufmerksamkeit nicht zu erkennen (Kleider trugen sie nicht, waren vielmehr völlig nackt), ob es Männer oder Frauen seien.«

Mit Vergnügen lese ich diese Passage wieder, die den Fokus verschiebt. Als läse ich das Faltblatt zu einer Ausstellung. Diese skandalträchtige Evokation von Nacktheit und Tanz, diese Verschmelzung der Geschlechter (in beiderlei Sinn des Worts). Wäre das nicht das ganze Abendland in den Augen einer möglichen Figur meines Rohen, die hier im Picasso-Museum mitten in Paris eingeschlossen ist? Gegen Ende des Zyklus wird Marie-Thérèse zur obszönen Nahrung. Kein Stillleben, sondern abgenagtes Leben. Robinson – ich –, Besucher im III. Arrondissement, in der Rue Thorigny, erzählt weiter: *»Der schrecklichste Anblick für mich war aber, als ich beim Hinabsteigen nach der Küste die entsetzlichen Spuren der Greuel fand, die sie dort ausgeführt hatten: Blut, Knochen und Fleischreste menschlicher Körper, die von diesen Elenden unter Tanz und Scherzen zerrissen und verzehrt waren. Ich fühlte mich dermaßen empört über den Anblick, daß ich mir ernstlich vornahm, die nächsten, die ich dort antreffen würde, nieder zu machen, wer und wie viele es auch seien.«*

Die Idee eines Massakers habe nicht ich, aber vielleicht mein fiktiver Abdellah. Er wird davon träumen, die Ordnung wiederherzustellen, den Affront gegen seinen Gott auszulöschen und all diese Gemälde zu zerstören, um die verlorene Reinheit wiederherzustellen. Er wird sagen, dass das Abendland kannibalisch ist, nackt herumläuft, auf Stränden tanzt und alles und alle verschlingt, sogar die Seinen, und dass diese Kunst der Beweis seiner Grausamkeit ist.

Da fällt mir der faszinierende Satz eines unbekannten Algeriers auf Facebook wieder ein: »Der Westen? Ich liebe ihn, er fasziniert mich. Aber ich habe große Angst vor ihm, wenn er Hunger hat.« Eine unerwartete Metapher des Verschlingens, eine gargantueske Geografie. Ich fahre fort, denn ich glaube, das ist eine gute Spur. Ich stelle mir meinen »arabischen« Robinson auf einem Eroberungszug vor, mit der Mission, das Abendland zu schlagen, wie er es, nachdem er es überall in der Riesenstadt gesucht hat, in den Museen, in diesem Museum findet, bei diesem Maler, der verbessert, was Gott gemacht und besiegelt hat. Ich male mir die Empörung des Dschihadisten aus, der von anderswoher, aus meinem Land oder dem ihren gekommen, anderswo oder im Abendland geboren ist und hier vor dem nackten Abendland steht, das Körper verspeist, Orgasmen und Befriedigungen proklamiert und von dem falschen Propheten Picasso bekehrt worden ist. Ich lese weiter, angezogen von einer anderen Stelle dieses naiven, prätentiösen Romans, und stelle mir vor, es sei Freitag/Abdellah, der seine Gedanken über das Nackte und Europa, die Kunst und die Erotik, die Kolonisation und die Erinnerungen an deren Gewalt erzählt: »*Nun drängten sich mir aber wieder neue Betrachtungen über diese Elenden auf, und die Frage trat mir nahe, wie es möglich sei, daß der allweise Weltenlenker einen Theil seiner menschlichen Geschöpfe in einem solchen Zustande der Bestialität und in Neigungen verharren lassen könne, die sogar unter denen des Thieres stehen, nämlich in der Lust, ihres Gleichen zu verzehren. Von dieser fruchtlosen Frage kam ich auf die weiteren: In welchem Theile der Welt mögen diese Unglücklichen wohnen? Von wie weit her mögen sie bis zu dieser Insel gekommen sein und weshalb haben sie sich wohl so weit gewagt? Welcher Art von Fahrzeugen bedienen sie sich wohl? und endlich: Warum sollte es für mich nicht möglich sein, ebenso gut von hier fortzukommen, als sie hierher gelangt sind?*« Belustigt lese ich weiter in diesem veralteten Text. Aber entdecke ich da nicht ein Gemälde von Picasso, im 18. Jahrhundert beschrieben, lange vor der Geburt dieses genialen Malers, mit so vielen Details und Präzisierungen über dieses Gemisch aus Verschlingen und Erotik, die für mich immer ganz nah beieinanderliegen? Der Erzähler in diesem Roman kommt zum Ort der Menschenfresser und beschreibt ihre Mahlzeit, oder was davon übrig ist, mit der Macht eines Malers aus dem 20. Jahrhundert. »*Der Platz war nämlich ganz mit Menschengebeinen bedeckt und mit Blut förmlich ge-*

düngt. Große Stücke Fleisch lagen halb verzehrt, zerrissen und beschmutzt umher. Mit einem Wort, man sah alle Spuren des grausigen Triumphfestes, das die Wilden hier über ihre Feinde gefeiert hatten. Ich zählte drei Schädel, fünf Hände, die Knochen von drei oder vier Beinen und Füßen und eine Menge anderer Stücke menschlicher Leichname.« Das sind nahezu die Tuschezeichnungen der Kreuzigungsserie, auf die ich später zurückkommen werde, da sie eine intensive Obsession ist. Und das unruhige und hastige kannibalische Durcheinander überträgt sich auch auf die Studie der Mandolinenspielerin.

Wovon würde also mein Abdellah träumen? Von einer Reinigung durch das Feuer, von heilsamen und notwendigen Zerstörungen. Von Sand, um alles zu Gott zurückzuführen. Man kann auch durch Leere und Dezimieren bekehren, wie es die Inquisition getan hat. Der in Defoes Roman durch seine Bibel und seine Werkzeuge als zivilisiert gekennzeichnete Mann ist streng, was die Tabuisierung von Menschenfleisch angeht. Für ihn ist da eine nicht überschreitbare Grenze. Der einfachsten Geschichte der Zivilisation zufolge gibt es drei oder vier Regeln, für deren Anerkennung und Beachtung es zwei oder drei Jahrtausende bedurfte: Es ist unzulässig, den Menschen zu essen (Kain, der Abel erschlagen, aber nicht gegessen hat), es ist unzulässig, den Menschen Göttern zu opfern (Abraham und sein Sohn), es ist unzulässig, den Menschen zu töten (Christus und sein Opfer am Kreuz), es ist unzulässig, den Menschen aufzugeben, ohne dass er das Heil gefunden hat (die Figur des Missionars, des Zivilisators). Manchmal malt Picasso die Frau als einen Haufen kaum miteinander verbundener Knochen, Gelenke und Kugeln. Überreste eines verbotenen, intimen, heimlichen Mahls. Wie ich so an meinem Tisch saß mit einem von den Wärtern spendierten Kaffee, kam ich auf den Gedanken, den alten Roman aus der Perspektive dieser Bilder wieder zu lesen. »*Ich befahl Freitag, die Schädelknochen, das Fleisch und die übrigen Reste auf einen Haufen zu schichten, ein großes Feuer anzuzünden und sie zu Asche zu verbrennen. Er schien noch immer große Lust zu haben, Etwas von den Kadavern zu verspeisen, und geberdete sich noch ganz und gar wie ein Cannibale. Aber ich zeigte ihm so großen Abscheu bei dem bloßen Gedanken an eine solche Handlung, daß er sein Gelüst nicht verrathen durfte. Ich hatte ihm nämlich begreiflich gemacht, daß ich ihn niederschießen würde, wenn er sich erfreche, sein Verlangen zu befriedigen.*« Diese Passage kann man bei der Betrachtung der Bilder des spanischen Malers in seinem erotischen Jahr wieder und wieder lesen.

»*... daß ich ihn niederschießen würde.*« Mein fiktiver Abdellah wird töten, um Schluss zu machen mit der Malerei, der Zeichnung, der Form, die mit der Schöpfung wetteifert. Ich frage mich, was eine »Theophagie« sein könnte. Und ob sie einen Sinn hätte. Auch Abdellah wird töten, um den von Gott gegebenen Körper zu retten und die Beleidigung zu verhindern. Was nicht bekehrt ist, ist nicht menschlich, und was nicht menschlich ist, ist barbarisch in seinen Riten. Der Geiselnehmer, der Radikalisierte, ist voller Wut in einer mit Irrealität geschlagenen, absurden Welt, der er mit seinem Glauben entgegentreten will, ein Verbrechen im Herzen, das er in ein Heldenepos verwandeln will. Einen Moment lang stelle ich mir vor, dass Abdellah ein Gemälde stiehlt, es vor laufender Kamera zu Asche verbrennt und den Film dann auf Youtube stellt.

DIE PAUSE: STEIN

Es heißt immer: »Picasso war …« Seit einigen Jahren gelingt es mir nicht mehr, an den Tod von Leuten zu glauben. Picasso IST. Ich konnte ihn sehen, als ich seine Bilder genau betrachtete, auch den Abdruck in ihrem Material, diesen unebenen, von der Muskelspannung oder Stimmung abhängigen Pinselstrich, seinen über Bilder und Skulpturen verstreuten Körper. Warum sagt man, dieser Mann sei tot, obwohl er es geschafft hat, sich gerade davor zu bewahren? Er war so schlau, jede Nuance seines Körpers in seinen Werken niederzulegen. Sich mit Fleiß immer wieder in ein anderes Gefäß zu gießen, um nicht zum Inventar der Leere zu werden. Warum in der Vergangenheit von ihm sprechen, während er alles in Gegenwart verwandelte? Ich war irritiert.

Die Stille in der Halle ist das Geräusch der versteckten und überwachten Gemälde. Das Brummen weit entfernter Apparaturen (Klimaanlage oder Kameras oder das Überwachungssystem im Raum der Wärter). Das Abendland hängt an seinen Schätzen, seinen Höhlenzeichnungen, seinen sinnlichen Errungenschaften und den Codices seiner Epochen. In dieser Weltgegend ist das Museum nicht nur Erinnerung, sondern auch die Ausbeute des Kriegs gegen die Zeit und ihre Krisen. Plötzlich fällt mir ein, dass die Rettung dieser Kunst im letzten Weltkrieg ein Heldenepos war, das heute noch in Filmen und Dokumentationen erzählt wird. Die »Sammlungen« sind Ausdruck eines Triumphs der Bewahrung und bezeugen so den moralischen Wert des universellen Kurators, der das Abendland sein will. Sammeln heißt retten, bewahren. In diesem Fall stellt sich jedes Museum einer angenommenen, impliziten Barbarei entgegen.

Man sammelt, weil der Rest der Welt zerstört.

Ich sage mir auch, dass mein fiktiver Abdellah seinen Schatten nicht über diesen Ort wird werfen können. Sein Traum von Reinheit ist unerfüllbar, sein Attentat ist undenkbar. Er wird es sich nur ausmalen. Seine Kunst wird deshalb ein heimlicher Groll werden. Vorerst.

DER HIMMEL IST STEIN, DER NICHT HERABFÄLLT

Im Hôtel Salé werde ich das Gefühl nicht los, in einer Kirche zu sein. Im Übrigen sind all diese Länder für mich so etwas wie Kirchen, Variationen ein und desselben Tempels. In ihren triumphalen Architekturen, ihren kühnen Gesten, ihrem Sinn für Details und Bilder. Das ist überwältigter Stein, dazu gezwungen, zum Spiegel des Körpers zu werden. In meiner Kultur ist Stein dazu berufen, Spiegel des Himmels zu werden: der heilige schwarze Stein in Mekka, polierter Stein, Kieselstein, harter Stein. Hier in diesen Ländern treffe ich zudem an jedem »heiligen« Ort auf Skulpturen. Auch dieses Museum ist da keine Ausnahme. An den Wänden neigen sich Figuren von der Decke. Das erinnert mich an eine eindrückliche Erfahrung in Lyon letzten Sommer, als ich zwischen zwei öffentlichen Veranstaltungen wochentags die Kirche Notre-Dame de Fourvière durchstreifte wie ein Marodeur. Hier, in der Halle des Museums, finde ich dieselben Friese wie in jener Kirche wieder, stämmige, in der unmöglichen Schwerelosigkeit des Steins erstarrte Putten, schwere und doch himmlische Körper. Gesichter mit Flügeln im Nacken, Engel mit großen, nach oben blickenden Augen, kniende Männer, nackt in Schmerz oder Reue, Vergoldungen und Azur. Und wenn ich den Kopf hebe, ist der Himmel für mich, den Mann aus der anderen Kultur, übervölkert. Dicht wie ein Wald aus Leibern und Händen. Voll, ein Gedränge. Wie die Schwelle zu irgendetwas, etwa einem Bahnhof, vielleicht einem Transitraum oder Versammlungsort. Die Farben sind lebhaft, grell für mein Auge, das an die Leere gewöhnt ist, und das ist seltsam. Seltsam, den Kopf senken zu müssen und die Bänke auf dem Boden dieser Kirche zu sehen, die im Gegensatz zu der Fülle am Himmel leer sind. Oder fast leer. Nur ein paar Kerzen, ein paar Männer und Frauen, die reglos und stumm dasitzen und sich dem Bogen, dem Piedestal oder ich weiß nicht was zuwenden, denn in der Religion, die ich hinter mir lasse, gibt es das nicht. Dies hier ist eine Religion des Knies. Meine ist die Religion der Stirn, würde ein Pilger sagen. Die Erde ist seltsam verlassen im Vergleich zum Himmel an der hohen Decke, die schwindelerregend dicht und überladen geschmückt ist, eine Art Wolkenkratzer, der mit einem einzigen, riesigen Fenster ausgestattet ist. Ich brauche nur den Kopf zu senken, und jäh entvölkert sich die Welt. In meinem Blickfeld nur Untätige, tote Sterne mit Gesichtern, vielleicht Leute, die ihren Glauben noch haben oder die verzweifelt sind. Eine Umkehrung: oben die Menge, an diese ungeheuer volle Decke gemalt, unten nur Zusammengesunkenes, kniende, greise Gestirne, Konstellationen des Alterns und Wartens, flüsternde Touristen, den Schritt verlangsamend, um Fotos zu machen. Ein

Tierkreis der Routine und halbherziger Neugier. In der Kirche in Lyon ist der Stein Himmelfahrt: er erhebt sich vom Fleisch zum Atem, aus der Schwere in den Äther von einst. Ein wenig wie eine Entkörperlichung. Er betont seine Leichtigkeit und wird zum Imaginären, dann erhebt er sich noch höher und bietet sich als stumme Inszenierung dieser alten Religion dar.

Ich komme aus einer anderen.

Dort, in meinem Universum, ist der Himmel leer, die Moschee strebt hinauf in die höchsten Höhen der Nacktheit. Sie weist auf einen Ort hin, der weder Tiefe noch Bilder hat. Sie deutet in Richtung Wüste. Dort ist die Erde mit Teppichen geschmückt, aber seltsam gereinigt, entleert. Die Moschee ist das Abbild der Wüste, sie will sich zu deren Widerschein, Wiederholung, Vorläufer machen. In der Moschee ist jedes Bild verboten. Der Kalligrafie ist allenfalls erlaubt, sich dem Körper anzuschmiegen, aber niemals, seine Einzelheiten auszuführen. Jenseits ist nichts, und dieses Nichts ist ein Spiegel. Die Ästhetik ist die der Wüste, ihre Rundungen und Wölbungen, ihre Dünen, ihre Leere. Gott ist dort unsichtbar, man ist zu dem Schluss gekommen, dass er am ehesten zu zeichnen, zu porträtieren ist, indem man die Vakanz betont. Es gibt keinen Gott außer Gott, und die Leere ist sein Bild, sein Widerschein. Deshalb ist der Himmel ohne Tiefe, und die Erde steigert seine Entvölkerung. Der Mond, poliert und glänzend, kalt und schmucklos, ist das fetischisierte Gestirn dieser Religion, während jene andere Religion die des Sterns, der heiligen drei?? Könige, der Engel ist. Hier ist die einzige Kerze das Minarett.

Noch ein paar Schritte in der Kirche Notre-Dame de Fourvière. Den Touristen zuschauen, die die Reliefs fotografieren, den geflügelten Löwen, die Stufen zum Platz hinunter. Dieser Ort ist für mich, den Spaziergänger, ein Schauspiel. Ich berühre den Stein eines anderen Glaubens, der ihn entstellt, aber ich schaue auch den Touristen zu. Ich male mir eine ungeheuerliche Fabel aus: Jeder Fotoapparat, jede Aufnahme, jedes Blitzlicht, jedes Selfie nimmt ein Stück der Welt mit sich fort, einen Kiesel, ein Gemälde, die Ecke einer Bank oder eine Biegung des Eisengitters. Nach und nach. Wie die Bisse von Piranhas. Und dann das Ende der Welt: von der Vielzahl verschlungen, abgenagt bis auf die Knochen. Die Digitalisierung hat diesen optischen Kannibalismus zum Allgemeingut gemacht. Sie hat eine Religion erfunden. Instagram ist dabei vielleicht der Engel mit dem Horn, der das Ende verkündet. Amüsant. Aber auch das ist eine Möglichkeit: Die Welt ist nicht Schauspiel, sondern Hintergrund. Eine Art Jenseits, das zum Bildschirmhintergrund geworden ist. Was ist eine alte Kirche für einen modernen Touristen? Ein vom Himmel gefallener Stein, an den er sich anlehnt, um zu lächeln. Ich stehe zwischen den beiden.

Bei uns muss auch die geweihteste Moschee wie ein Lagerplatz aus Tuch, ein Zelt beschaffen sein. Den Riten zufolge kann ich mich zudem für die fünf Gebete des Islam nicht nur mit Wasser waschen (das nicht stehen, keinen Geruch und Geschmack haben darf, wie die Doktoren des Gesetzes erklären), sondern auch – und das ist sehr bedeutsam – ohne Wasser, nur mit Sand, wenn man die entsprechenden Gesten ausführt und dabei einen Stein berührt, mit den ältesten Elementen also.

Das Wasser durch Sand zu ersetzen, um sich für die Gebete zu reinigen, ist erlaubt, wenn man krank oder nicht in der Lage ist, unter anderem auf Reisen. Das bedeutet, dass Sand »wäscht«, also unbefleckt ist. Er ist die perfekte Leere, Spiegel eines Gottes, irdische Nachahmung des Himmels. Die Metapher basiert auf der Körperreinigung, doch sie formt die ästhetische Sicht auf die Welt: Sand wäscht und tötet, er ist rein und tödlich, für die Monotheismen ist er das Porträt der alten Zeiten und das Zeichen für die Rückkehr zur Quelle der Offenbarungen. Bei uns stellt man sich die Zeit des Altertums, die Gott und den Worten Gottes nah war und wiederhergestellt werden soll, als eine Wüste mit Palmen und Sand vor. Das erinnert mich an die Abholzungen in meinem Dorf und fast überall in Algerien in den letzten Jahren der nationalistischen Hysterie: Eukalyptusbäume, Pinien und Zypressen wurden gefällt und stattdessen Palmen gepflanzt, denn das ist der Baum des

Ursprungs und der fantasmatischen Identität, die Zypresse und die Weinrebe hingegen verweisen auf die Kolonisierung, den Anderen. Warum dieser Vortrag über den Sand? Weil er der Gegensatz zu den Decken dieses Museums und der Kirchen ist, die ich besichtigt habe. Ich will damit sagen, dass Abdellahs ganze Ästhetik – oder an meinen Wurzeln die meine – der Gegensatz von Gewimmel ist. Das Gegenteil von Besiedelung. Das Unsichtbare ist unvereinbar mit dem Sichtbaren. Es ist nicht dessen Weiterführung, Vollendung, sondern sein striktes Gegenteil. Es nährt ein Fantasma des Rückzugs auf sich selbst, auf das Alte, *salaf* (daher kommt das Wort Salafist, das heißt altangestammt, aus der Zeit des Propheten), oder auf die Identität. Aber das hat eine unmittelbare Konsequenz, wenn man zu den Waffen, nach der Macht oder nach Territorien greift. Was ein Fantasma war, wird ein erträumtes oder von Milizen blutig aufgezwungenes Reich wie in Syrien oder im Irak oder in der Sahel. Die Reinheit verwandelt sich in Krieg, wird zum Gegen-Kreuzzug.

Das Streben nach Reinheit schlägt um in Eroberung, Inquisition und Massaker.

DAS MUSEUM IST DAS GEGENTEIL DES GRABES

Wenn ich ins Abendland reise, fällt mir immer wieder auf, dass Geschichte hier in greifbaren »Zeichen« präsent ist, in Gegenständen, Gemälden, steinernen Körpern, in Sammlungen, angehäuften Herrlichkeiten, Archiven und Beständen. Und sobald ich in unsere Gegenden zurückkehre, erinnere ich mich wieder, dass bei »uns«, am Südufer des Mittelmeers, die Geschichte ein Kult ist, allerdings vor einem leeren Altar, einer Zeit ohne irgendetwas darin. Ich bin unter Menschen geboren, deren Kult die Geschichte ist, aber eine entleerte, entkörperlichte, geträumte Geschichte. Sie ist nicht in Museen oder Sammlungen verewigt, sondern in Erzählungen, die Wahrheiten fabrizieren, indem sie rückwärts gehen, zu ihren Quellen. Eine Geschichte, an die man sich anlehnt, eine Zuflucht, ein Rückzug, keine Entfaltung zur Welt hin. Dann frage ich mich wie so manche: Was ist ein Museum bei uns, in der Welt der falschen Erinnerungen an uns selbst und die Unseren? Ist das Museum in den »arabisch« genannten Ländern überhaupt möglich?

Diese Frage stelle ich mir, weil ich seit Jahren dunkel ahne, dass das Museum in unseren Gegenden nahezu unmöglich ist, eine Häresie. Hier ist die Beziehung zum Realen und zum Gedenken von vornherein durch eine kollektive Fiktion geprägt, eine Erzählung, die niemals jene Breschen zulassen wird, die »Sammlungen«, Kunstwerke oder antike Spuren in diesem Monolog über uns selbst schaffen würden. Ich erinnere mich an Museen in Oran oder anderswo, trist, in Lagerhallen mit verstaubten Vitrinen verwandelt, von der fantasmatischen Erzählung des kollektiven Selbst in den Hintergrund verbannt. Die hagiografische Legende der Dekolonisierungen und der identitären Fiktionen hat das Museum als Geisel genommen, und sollten die Religiösen triumphieren, wird sich das noch verstärken. Dieser Ort gilt, ohne dass es je ausdrücklich gesagt wird, als »unnütz«, da doch ein Gott durch ein heiliges Buch Zeugnis ablegt. Gott hat alles gesagt, Museen haben dem nichts hinzuzufügen. Die Zeit ist zweigeteilt: vor der Offenbarung und nach der Offenbarung. Das Leben wird gegeben, um als Illusion übersprungen zu werden. Gottlose Völker können ihre Spuren nur als Ruinen nach der göttlichen Strafe verewigen. Und die frommen Völker können kein anderes Ziel haben als das jüngste Gericht, das Ende der Zeiten, das Paradies oder die Hölle. Sammeln heißt dann, sich mit Vergänglichem »belasten«.

Zudem: Wozu Spuren in der Wüste retten? Im Sand? Hat man schon je den Weg einer Karawane zur Reliquie werden sehen? Hier, im Kopf meines Abdellah, ist alles dem

Rhythmus von Sonne und Mond unterworfen. Nichts wird bewahrt: Selbst der Koran ist, wenn man das Wort übersetzt, Rezitation, Brevier, ursprüngliche Mündlichkeit, kein Buch aus Papier oder Pergament. Man muss diese Idee des Prekären im Kopf behalten, sie hilft, die Untaten von Palmyra und Timbuktu besser zu verstehen.

Das Museum ist eine Erfindung des Okzidents, nicht des Orients. Es ist gewissermaßen das Gegenteil von Märchen und Erzählungen. Es ist zudem widersinnig, denn das Leben ist nicht dazu bestimmt, die Zeit zu besiegen, sondern um sich zu gedulden wie in einer Prüfung. Es (*Eddounia,* übersetzt das »Leben«, das Irdische, das Niedrige, das Deklassierte, aus dem Sündenfall Geborene etc.) ist nur eine Phase, ein Moment, ein Zwischenhalt, ein Lagerplatz, um das Stereotyp aufzunehmen. Ein Moment, der am besten der in Askese und Philosophie errichteten Metaphysik des Prekären entspricht. So wird das Museum zur verschwendeten Zeit, nicht zum Sieg über die Zeit! Messianische Kulturen haben Museen der Vorahnungen, nicht der Spuren, sondern der Zeichen, die auf das Ende der Welt verweisen, und ihre vielfältigen Anfänge kümmern sie nicht.

Das Museum ist eine Erfindung des Abendlands, die Demokratisierung der Privatsammlungen des Kaisers oder Machthabers.

Und der Himmel unterstützt die Museen nicht, sie sind eine irdische Angelegenheit.

Wo ich herkomme, lassen diese Orte etwas auftauchen, was nicht auftauchen soll: die Möglichkeit einer Zeit vor der Offenbarung. Wenn Sie eine Ausstellung, eine Sammlung besuchen, begreifen Sie, dass das, was Sie glauben, was man Ihnen befohlen hat zu glauben, nicht absolut ist, sondern nur eine Erzählung unter tausend anderen über die alten Zeiten. Sie verstehen, dass die Geschichte nicht manichäisch ist, sondern reich, vielfältig, gleichzeitig porös und komplex wie das Wurzelwerk unter den Bäumen. Sie ist ein glitzerndes und dunkles Labyrinth. Ich erinnere mich an das erste und einzige Mal, als man uns Dorfschulkinder in die Großstadt Oran brachte, um das Museum zu besuchen. Ich und alle, die dabei waren, haben nur ein einziges Bild in Erinnerung behalten: die nackten Brüste der Frauen auf dem Mosaik der Fassade! Innen war es für uns Kinder unansehnlich, staubig und unerklärlich. Die Auslagen standen in diametralem Widerspruch zu dem, was man uns beibrachte, dass nämlich das Land in einem Krieg entstanden sei, der von Helden geführt wurde, die noch lebten und denen wir folgen und zujubeln sollten, und dass über den Befreiungskrieg hinaus die Vergangenheit eine Offenbarung sei, von der das Heilige Buch erzähle, um den Zorn eines Gottes und seine Stimmungen zu illustrieren. Als wir herauskamen, waren wir einen

Moment lang verwirrt, aber dann tauchten wir wieder ein in die bequeme nationale Meistererzählung jener Zeit. Geblieben ist mir die Erinnerung an ein Geflüster hinter dem Rücken der Geschichte, einen Pfad, der die Version in den Schulbüchern umging, eine mögliche Abweichung, eine Reise des Ungehorsams. Die Verurteilung der Museen verbannt große Teile der algerischen Geschichte in die Vergessenheit: Timgad mit seiner einzigartigen römischen Stadtanlage, von Kaiser Trajan gegründet, wird seit jeher hochmütig ignoriert. Die römischen Überreste von Tipiza gehören nicht zum nationalen Erbe der Märtyrer-Stelen des Unabhängigkeitskrieges und der Moscheen, das vom Regime durch Reden und Beifall gefördert wird. Die Spuren der Römer gehören weder zur Geschichte der Entkolonisierung noch zur Hagiografie der religiösen Identität. Sie werden ignoriert und nicht als Quelle von Reichtümern und Beweise für die Vielfalt unserer Wurzeln, sondern wie verlassene, halb fertige Gebäudegerippe behandelt. Man kann sie abreißen, beschädigen, Wohnhäuser um sie herumbauen, sie in Müllhalden verwandeln.

Eine derartige Verleugnung hat einen Sinn: Das Museum stellt das Absolute infrage und relativiert den radikalen Glauben. Das Museum ist pharaonisch, assyrisch, berberisch, es ist der Fortbestand dessen, was man auslöschen wollte, um sich als Urahn oder Unsterblicher auszurufen, es ist das Gegenteil eines heiligen Buches und einer bewaffneten Revolution. Es belegt einen Mord am Körper der Zeit, ihrem Kalender. Vor der Kriegserklärung oder der Offenbarung gab es etwas, und dieses Davor wurde aus der religiösen oder nationalen Meistererzählung verbannt, verworfen. In den heiligen Büchern sind die »unvordenklichen« Zeiten merkwürdig banal, undeutlich, armselig, auf mythologische Strafaktionen reduziert, sie werden wie »faits divers« oder Gefängnisausbrüche behandelt! Die Geschichte der Alten vor der Offenbarung ist eine lange Lektion über Katastrophen und Strafen für den Ungehorsam der Stämme, die Fortsetzungsgeschichte über einen zornigen Gott und einen aufbegehrenden Menschen. Immer, wenn ich ein heiliges Buch las, kam ich zu dem Schluss, dass das »Davor« keine Ruinen waren, die ich besichtigen konnte, sondern mein Ruin, den ich durch Gebet und Unterwerfung vermeiden muss. Es ist eine Lektion, die man erzählt, keine Differenz, die man neugierig betrachtet.

Denn der Monotheismus hat die Götter sorgsam getilgt, aber auch die Menschen, die antiken Foren und Statuen, die deklassierten Idole. Davor? Gab es nur Gott und er war überall. Das ist eine Diktatur wie in *1984*, aber hier sind die Kapitel Jahrtausende: Der neue Herr löscht die Archive, die Mythen, die Namen, die Filme von einst, die Fotografien. Jedes heilige Buch ist ein gewaltsamer Revisionismus, eine Säuberung des Gedächtnisses, ein Hold-up der Anfänge. Museen sind ihm per definitionem

Dissidenten. Sie sind die Stätten der heimlichen Versionen. Dort gesteht man anderem als dem jeweiligen Selbst und seinem Gott Ewigkeit zu, man will es. Und das stört. Manchmal kommt mir der grimmige Gedanke, dass die Museen Räume sind, wo die von einem jüngeren Gott getöteten Götter wieder an die Oberfläche kommen, im Chaos ihrer Gräber oder der Erinnerungen an sie. Aber warum spreche ich hier von einem Tête-à-Tête? Wegen der Zeit. In den Monotheismen ist die Vergangenheit nicht das tiefe Geheimnis unserer Ursprünge, die niemals endende Sammlung der Spuren unserer Entstehung, sondern ein durch die Offenbarung abgeschlossenes Thema. Für sie ist das Museum der Ort der Reliquien, ein Haar des Propheten, das Schweißtuch Jesu, das erste Exemplar eines heiligen Buchs etc. Es stützt und verfestigt die ursprüngliche Erzählung. In der Kälte des Hôtel Salé, wo Picasso in Paris sein Museum hat, hebe ich den Kopf von meinem Bildschirm, betaste den fühllosen Stein, wende den Kopf zu der kleinen Skulptur in der Eingangshalle, diesem Hahn, der in seiner Bewegung festgehalten ist, steige mit den Augen noch einmal die zentrale Treppe hinauf und komme wieder auf mein Unbehagen zurück. Nicht, dass ich eine Nacht im Hotel erwartet hätte, aber in meinen Kindheitserinnerungen taucht kein Museum auf, mit dem ich vergleichen könnte. In Algerien beginnt die Erzählung der nationalen Geschichte mit der französischen Invasion und der Erzählung vom nationalen Befreiungskrieg Mitte des vergangenen Jahrhunderts. Gott, der über diesem Datum steht, hat mit der Geschichte seines Buches und seinen Offenbarungen im Hedschas auf der arabischen Halbinsel dafür gesorgt. Die amazig-berberischen Wurzeln werden nicht wirklich anerkannt, die »Arabischkeit« wird als heiliger, totaler, unstreitiger Ursprung dargestellt. Keine Spur von den Römern, Spaniern, Vandalen, Ottomanen oder Juden. Nichts von dieser beleidigenden oder beglückenden Vielfalt, die einmal war und uns hätte trösten oder von der Einkapselung heilen können.

Ich bedauere das. Aber ich gestehe mir auch etwas anderes, Offenbares ein: Das Museum ist auch der Ort, der jene merkwürdige Alterität aufscheinen lässt, die vom Abendland zugleich verschlungen, ausgeschlachtet und assimiliert worden ist. Die besiegte Zeit, die besiegte Zivilisation, das Bild, das das Dunkle und Intime zähmt und die Distanz (zwischen einem selbst und den anderen) aufhebt, der besiegte und domestizierte andere Ursprung. Das Museum ist eine Energiequelle des Menschen, dort präpariert er die Elemente und die Epochen, stopft selbst den Tod aus, und die Reliquie der Zeit macht der heiligen Reliquie, dem Zeichen der Ewigkeit, den ersten Platz streitig. Doch die Selbstherrlichkeit im Umgang mit der Vergangenheit zieht dann nicht nur die Spuren in Mitleidenschaft, sondern auch die Bilder und das Recht der Darstellung.

Das Museum ist Verlangen nach Befriedung. Aber auch aufwühlende Erinnerung.

DER KULTURELLE GENOZID

2015 zirkulierten Videos, die einem die Sprache verschlugen: Die alte Stadt Palmyra, ihre Gräber, steinernen Löwen und Grabmale wurden gesprengt, eines nach dem anderen zerstört. Der Ort diente dann der Inszenierung spektakulärer Hinrichtungen. Diesem kulturellen Genozid, wie er bezeichnet wurde, fielen auch andere Orte wie Nimrod und Hatra im Irak zum Opfer. In einer der mit düsteren Gesängen unterlegten Video-Sequenzen zertrümmmern Dschihadisten Statuen im Museum von Mossul. Das ist das Remake einer Szene aus *Messenger of God* von Mustapha El Akkad, dem einzigen Biopic über den Propheten des Islam. Der Film hat die Vorstellungen geprägt und wurde zur Matrix des Mythos der gesegneten alten Zeiten der Offenbarung. Der Regisseur wurde im November 2005 getötet – von Dschihadisten, die von diesem Film und seiner Inszenierung einer beispielhaften Dschihad-Einstellung geprägt waren. Im Museum von Mossul wurde mit Presslufthämmern jene Filmszene begeistert nachgespielt, in der Mekka von der Gegenwart der Ungläubigen befreit wird und die großen präislamischen Idole am Boden zerschmettert werden. Ich habe mir immer die Frage gestellt, welche Beziehung zwischen diesem Film und dem Imaginären der Dschihadisten besteht. Ich gehöre zur Generation der in den frühen 70er-Jahren Geborenen, die mit den ägyptischen Fernsehserien aufgewachsen ist, in denen die Theologen des muslimischen Mittelalters, die Missionare der *Nahda* im 19. Jahrhundert in Ägypten und die Heldenepen der »muslimischen Eroberungen« gefeiert wurden. Meine Generation hat erlebt, wie die ersten Emire sich die Namen von Gefährten des Propheten zulegten, wie die Predigten den Ton und die Sprachformeln der erzkonservativ-religiösen Zeitung *Errissala* übernahmen, besonders in Filmen. Diese Ästhetik prägte dann die Sprechweise und die Sprachgewohnheiten der Radikalen, ihre Sicht auf die Welt und die Kultur, ihren Wunschtraum von der Wiederherstellung der alten Zeiten und ihre Beziehung zu Skulpturen, Körpern, Kunstwerken und Darstellungen. Mein Abdellah wird also bei allem, was er erblickt, davon träumen, die Stunde null, den Moment der Anfänge wieder aufzuführen. Sie wird für ihn die Gestalt einer extravaganten Fantasy-Geschichte mit einer Wüste, einer Mission, einer Säuberung, einem Schwert und Sand annehmen. Dieser Mythos, dieses Bestiarium scheint mir nicht genügend analysiert worden zu sein, da es von den Reden über das Goldene Zeitalter, vom Terrorismus oder von den aktuellen ideologischen Polemiken verdeckt wird.

In Palmyra hat man nicht nur eine Zivilisation, ein Erbe ausgelöscht, sondern auch die Spur einer Differenz: Wenn man die Zeit zurückdrehen will, löscht man alle Spuren ihres Fließens. Der Traum war die Wüste, also die Zerstörung von allem, was sie widerlegt, verwirft, besiegt. Doch diese Ruinen bewiesen ihrem Wesen nach, durch ihr Fortbestehen, auch etwas anderes, nämlich dass der Wahn vergänglich ist. Die Ausrufung des Unsichtbaren als einzigem Reich wird durch einen antiken Tempel paradoxerweise stets widerlegt. Denn auch dieser antike Tempel hat versucht, die Zeit zu löschen, und wird zu deren Spur und Zeugnis. »Ich bin die alt gewordene Zeit«, ich verehre diesen Vers, der aus Indien stammt.

Man versteht also, warum das Museum im Vergleich zur Moschee als Detail behandelt wird. Und wenn die Moschee im Lauf der Geschichte zum Museum wird, wird man sie schließlich zerstören, weil sie zur Verkörperung des Menschen und der Zeit herabgewürdigt ist, statt der Ort Gottes und der Ewigkeit zu sein. Der Wahhabismus ist keine jüngst entstandene Krankheit, sondern eine Art zyklisches Fieber in der Geschichte des letzten Monotheismus. Die wahnwitzige, mörderische Lust, alles zu zerstören, wie um eine Geschichte von ihrem allerersten Moment an wieder anzufangen, ist eine Geisteskrankheit, ein Sturz.

»Haben Sie je einen Heiligen mit einer Uhr gesehen?«, antwortete Picasso seinen Aposteln zufolge. Die Formulierung ist sublim. Es ist die Frage nach einem unmöglichen Bild: Der Heilige fantasiert von der Ewigkeit, und die Uhr verweist auf die Zeit. Sie haben nicht dieselbe Berufung, auch nicht dieselbe Beziehung zur Zeit. Der Heilige ist da, um die Uhr zu zerstören, die Zeitmessung, den menschlichen Rhythmus, den Kreislauf, die Fabrikation durch den Menschen, die Maschine, das Museum, die Kunst, das Zeichen, das Beherrschen. Er will der Uhr entkommen. Manchen gelingt das. Andere, von ihrer Natur, ihrer Schwäche oder ihrer Menschlichkeit besiegt, wenden sich gegen die Uhr. Sie zerschlagen sie, um den Triumph der Offenbarung herauszuschreien!

DIE WÜSTE, LIEGENDER AKT IN DER SONNE

Jeder Radikalismus hat seine Kunst. Grob, kitschig, aber er gestattet sie sich, und sei es auch nur in Entstellungen oder zu Propagandazwecken. Deshalb dachte ich lange daran, einen kurzen Essay über die Ästhetik des Dschihadisten zu schreiben, über seine der radikalen Gesinnung entspringende Reinheitsvision und über die Begründungen seiner Gegen-Kunst. Die Zerstörung von Palmyra weckte die Erinnerung an die Zerstörung der großen Buddhas in Afghanistan, und wir entdeckten entsetzt einen Krieg, der nicht nur gegen die Lebenden geführt wurde, sondern auch gegen die Spuren alles Lebendigen. Er galt dem Menschen und seinen Werken, seinen einzigen, mit bloßen Händen geschaffenen Ewigkeiten. Im Zeitalter der Massenmedien und der pausenlosen Information waren wir mit dem Projekt eines ungeheuerlichen Autodafés konfrontiert: Alles zu zerstören, die Überbleibsel und Ruinen der alten Zivilisationen, die Bücher, das Wissen, alle Kunstwerke in die Luft zu sprengen. Nie war das Schauspiel eines Autodafés so furchtbar, denn es geschah live und vor unseren Augen, im Namen einer Religion, eines Buches oder eines Krieges, der um die Kontrolle von Rohstoffen geführt wurde. Nicht nur wurden den Besiegten, den Beraubten die Gemälde entrissen und die Museen zweckentfremdet, sondern alles wurde ausgelöscht. Denn das zentrale Anliegen des Dschihadismus ist die Ausdehnung der Wüste. Im Namen wovon? Die ersten Antworten reichten nicht an die Ungeheuerlichkeit dieser Tat heran. Die Vision vom Nichts, ihrem Ziel, überstieg unser Vorstellungsvermögen. Wer war dieser Mörder, der nicht bloß tötete, um zu unterwerfen, sondern der die Wurzel der Geschichte selbst vernichten, die Zeit selbst angreifen wollte, die Erfindung der Winkel und Architekturen, der Ränder und Bücher und Mausoleen?

Dabei war die Antwort schon da und immer möglich gewesen. Denn sobald man die Reinheit der Rasse, einer Weltgegend oder der Zeit ins Auge fasst, denkt man unweigerlich auch an Gewalt und Säuberung als Mittel zu ihrer Durchsetzung. Man kann Öfen oder Apartheiden planen, um eine Rasse, eine Nation rein zu machen oder zu halten, aber auch Bulldozer und Bomber, um die Geschichte zu säubern.

Der Dschihadist träumt im tiefsten Inneren davon, zum Zeitpunkt *ante*, zur Zeit vor seiner Verletzung und Entwürdigung, seiner Erniedrigung zurückzukehren. Aus seiner Sicht müssen wir in die alten Zeiten, die der Macht zurückkehren. Das ist ein Messianismus der Restauration, und jede Restauration muss mit der Zerstörung dessen beginnen, was ihr entgegensteht. Die Restauration der alten Zeit der *salafs* zu Lebzeiten des Propheten, der Zeit der Einheit vor dem Sturz in die Geschichte und deren unerträgliche Niederlagen. Das basiert auf einer unhaltbaren Schlussfolgerung: Man sei besiegt worden, weil man sich von Gott entfernt hat, weil man ungehorsam war, weil man den einzigen Weg zum Heil verlassen hat. Das sind die alten Gassenhauer aller religiösen Fanatismen. Der einzige Weg, um die Macht wiederzuerlangen, ist dann die Rückkehr ins Goldene Zeitalter. Die Wiederherstellung der Vergangenheit ist in meiner Weltgegend eine ideologische Obsession. Die Zeit ist ganz und gar verlorene Zeit. Was gut ist, was stark ist, was gerecht ist, was siegreich ist, ist nicht, was kommt, sondern das, was war. Der Baathismus, diese panarabische Restaurationsbewegung, ist ein Wiedererwachen; die *Nahda* ist als »Wiedergeburt« zu übersetzen, etymologisch ist der Salafismus die »Rückkehr zu den Alten«. Im heiligen Buch ist das Gebet Gedenken, Erinnerung, Mahnung, der Vers erzählt von den alten Zeiten, seine Weitergabe ist zugleich Memorierung. Das heilige Buch ist kein Buch, sondern ein Brevier als Gedächtnisstütze für den, der auswendig lernt, für den, *der sich erinnert, bis er selbst nur lebende Erinnerung ist.* Der religiösen Tradition zufolge müssen diejenigen, die das Buch memorieren, nicht in der Hölle schmoren, und genau durch diese Umkehrung rettet der Corpus den Körper. Wenn man den Koran liest, ist der Text durchzogen von der Aufforderung »zurückzukehren«, zu »gedenken«, sich zu »erinnern«. Diese Anweisung ist im Lauf der Geschichte in unterschiedlichen Formen aufgetreten, die Spezialisten wie in einem Kalender den großen politischen und religiösen Strömungen in der »arabisch« genannten Welt zuordnen.

Aber das Fantasma der Rückkehr wird von unterschiedlichen Hoffnungen gespeist: Die »Souveränisten« und die Gelehrten wünschen sich eine Rückkehr ins Goldene Zeitalter der Abbassiden, als das Imperium triumphierte und der Islam der Mittelpunkt der Welt war. Das ist der Traum von der staatlichen Macht. Die Salafisten arbeiten an einer Rückkehr in die Zeit der Eroberungen, der militärischen Geburt des Imperiums, wie um die durch die Kolonisierung erlittene Beleidigung wiedergutzumachen und die Verwundung durch die Moderne abzuwehren, die als Zeichen der Unterwerfung unter das Abendland begriffen wird. Sie erträumen sich Vorfahren aus den Anfängen des Islam, zur Zeit der Schlachten, der epischen Taten und der Kriegsfürsten, die eher heilige Waffenträger als mystische Gläubige waren. Die Radikalsten wiederum fantasieren sich zurück in die Zeit des Propheten, des strahlenden Medina, der Exilstadt des Propheten und Modell einer theokratischen Utopie. So wird deutlich, warum sich der IS-Chef in seinem kalkulierten Delirium unter dem Pseudonym Abu Bakr al Baghdadi als Kalif proklamiert hat: Das war der Name des Gefährten des Propheten, des ersten Kalifen Abu Bakr im ersten Drittel des 7. Jahrhunderts, das heißt vor der *Fitna,* dem ersten Bürgerkrieg zwischen muslimischen Glaubensrichtungen, also der Verwandlung der ersten Utopie in menschliche Geschichte. In nächster Nähe zu den Ursprüngen und Fundamenten des Islam. Doch der Chef des Neokalifats nannte sich auch Al Baghdadi, Kind Bagdads. Die Abstammung »al Baghdadi« sollte die Erinnerung an das Goldene Zeitalter wiedererwecken, als Bagdad die Hauptstadt der Welt und der Irak souverän und mächtig war. Die Zeit zu töten, zurückzudrehen, zu verdrängen wird zum kosmischen politischen und religiösen Projekt, weiträumig und zerstörerisch. Dieser Aufschwung erhielt seine Armee, seine Ideologen, seine Theologen und seine Kamikazes. Und seine Ästhetik.

Für Abdellah entsprang die Ästhetik des Leeren dem Kult dieses Null-Moments, der noch vom Wort Gottes widerhallte, das gerade erst vom Himmel gefallen und noch bewahrt war vor Intepretationen, vor den Spaltungen und der *Fitna,* dem berühmten Bürgerkrieg zwischen dem vierten Kalifen, Ali ibn Abu Talib, und den Gründern des Omayaden-Imperiums im siebten Jahrhundert. Zu jener Zeit entstanden den Historikern zufolge die Schia und die ersten Dissidenzen, es war das Ende der heiligen Einheit. Das Wort *Fitna* bedeutete seither und für immer Zwietracht, Konfrontation, Dissidenz, aber vor allem einen Sturz in die Zeitlichkeit, in die Geschichte. Um den Moment der Offenbarung wiederherzustellen, muss man zurück zum »Davor« und zu diesem Zweck die Zeit, das heißt ihre Spuren, zerstören: Interpretationen, Palmyra, Kunstwerke, Arabesken, Werkzeuge der Moderne wie Fernsehen, Fußball, Stadien, Lieder, Gräber, selbst die von Heiligen, die Mausoleen … Man muss in die Zeit des Gottesreichs und der Utopie eines Propheten zurückkehren, eine Wüste, eine Leere wiederherstellen.

Um es recht zu begreifen, müssen wir noch einmal auf den Robinson-Mythos zurückkommen. Stellen Sie sich einen Schiffbruch vor, den meines Abdellah, der an eine Insel gelangt, auf der er das Gottesreich wiedererrichten möchte, doch auf Spuren, Überreste, Ruinen und erstaunliche Masken einer vorangegangenen menschlichen Besiedlung stößt. Dann bricht die ganze Robinsonade und ihre eitle Pädagogik, ihr Mythos, zusammen: Wenn die Welt nicht neu ist, kann auch die Geschichte nicht neu begonnen werden! Die Begegnung mit Freitag ist dann die Begegnung zweier Schiffbrüchiger oder zwischen einem Schiffbrüchigen und einem Eigentümer. Dann wird ein Dialog folgen, eine Einladung zur Besichtigung oder eine Aufteilung des Landes und der Richtungen. Um seine Utopie zu leben, muss Robinson die Insel dem Erdboden gleichmachen, er muss die Spuren von allem, was vor ihm da war, auslöschen. Freitag muss an einem Strand auftauchen, der bloßer Sand ist, von dem alle Spuren getilgt sind. Er kann nur in einer Welt gerettet werden, in der alles zerstört worden ist.

Die Kunst ist der Beweis, dass die Zeit verflossen ist, dass Menschen Material und Tinten, Architekturen und Übersetzungen entwickelt haben. Sie wird zum Beweis einer Unreinheit. Der heilige Mörder sieht seine Mission darin, die Ewigkeit wiederherzustellen und die Uhren zu zerstören. In der Dynamik dieser monströsen Säuberung wird die Kunst als erste materiell gewordene Häresie betrachtet, als die exakte Distanz der Abweichung vom Weg Gottes. In diesem Universum unbedingter Unterwerfung ist sie für den angstvollen Gläubigen eine unverzeihliche Ablenkung. Die Kunst ist das Flüstern des Teufels, die Versuchung, die kaum verhüllte Aufforderung zu sexueller Freizügigkeit. Denn die Kunst führt zu Erotik, Sex, Unreinheit, zur nächtlichen Vermischung, zum Vielfältigen, das die Einheitlichkeit zerstört. Sie ist Arabeske, Gewoge, Tanz, Musik, sie ist Hüften, Schenkel, Wölbungen, Brüste, Wallung, Auswuchs, Unterbrechung der Reinheit, der Klarheit, des ersehnten Himmels, Entblößung, dumpfes Kriechen des Begehrens. In der monströsen Ästhetik des Dschihadisten muss die Erde das Ebenbild des Himmels sein, und die vollkommene Seins-Art ist das Sein der Wüste. Sand ist also die Kunst des Dschihadisten, seine auf sich selbst zurückgeworfene Libido, die Linie, die ihn wieder aufrichtet, die Leere, die ihn ausfüllt, ihn entkörperlicht. Die Wüste muss ausgedehnt, aufgezwungen, wiederhergestellt werden und jede Beeinträchtigung der Rundungen des Sandes, der Zirkularität der Zeit muss verhindert werden.

Seltsamerweise habe ich das schon vor Jahren geschrieben: Der Dschihadist verschleiert die Frau, ihr Geschlecht, ihren Schamhügel, vergräbt sie, verleugnet sie, will sie als schwarzen, verschleierten Schatten, wohingegen er den nackten Sand feiert und die Düne, die die Horizontlinie bricht, liebkost wie eine Hüfte. So wird die Wüste zur erotischen Erfahrung, zur Rückeroberung der Erotik. Der Tod ist das Leben, die Wüste ist das Ziel.

Die Wüste als Vorzeitigkeit, als genealogische Reinheit ist bei uns eine Obsession. Der Triumph der Wüste wird als Triumph von Gottes Wort gesehen.

In der Fabrik des Gegengewichts wird das Jenseits als grünende Gärten, *riyad,* mit Wasserläufen, Flüssen, Trauben und strömendem Wein und in ewiger Jugend erstarrten lasziven Frauen beschrieben. Das Diesseits muss daher sein Gegensatz sein. Um das Paradies zu bevölkern, hatten die Monotheismen stets das krankhafte Bedürfnis, ihm eine Wüste vorausgehen zu lassen. Das Nichts des einen ist der Beweis für die Fülle an Belohnungen im anderen.

Die Kunst des Dschihadisten ist also zuallererst Einebnung.

Dieser Liebhaber der reinen, endgültigen Linie ist ein Mörder des Körpers, einer, der von Transparenz träumend ver-wüstet. Und da Feuer reinigt, verbrennt man die Gottlosen, die Gefangenen, die Bücher. Der Tod ist das Feuer und das Feuer ist der Tod, und beide sind Einfallstore des Nichts. Über das politische Phänomen des IS mag man sich zu Recht so lange wie nötig auslassen, aber er bleibt vor allem der Neuerfinder des Todes, der Darstellung und Zurschaustellung des Todes. Der Mord als Reinheitsästhetik ist eine alte Technik des absolut Guten. Der Gefangene wird mit dem Kopf zu Boden gedrückt, gefesselt, aber er ist merkwürdig ruhig, auch das

Opferlamm ist dies, eine gelassene Linie, zustimmende Kalligrafie. Die Gefangenen lehnen an Ruinen, am Ufer des Meeres, des Unendlichen, des Abgrunds, und bieten sich mit gebrochenem Rückgrat dem Mörder wie billigend dar, als Teil des Ritus, des Schauspiels einer antiken Opfergabe.

Wir alle erinnern uns an die Videos mit den verlangsamten, unterworfenen Verurteilten, die schon fast im Jenseits unter den Augen der Götter sind. Man sagt, sie stünden unter Drogen. Das sorgfältig ausgeführte Massaker wurde zum Ritus stilisiert und damit noch erschreckender. Die Feierlichkeit verlieh dem Mord die Bedeutung einer Mission. Sie verwandelte den Mörder in einen Kämpfer für die Sache, den Gemordeten in ein antikes Opfer, den Mord in eine Opferzeremonie. Die Kultur war das Ende des Kannibalismus, und die Kunst trat gewissermaßen an seine Stelle? Hier führte das Ende der Kultur zurück zum Menschenopfer. Der IS tötete, um die Welt zu heilen, das Opfer zu reinigen. Er tötete nicht, er rettete durch den Tod vor dem Tod. Eine abrahamitische Geste, aber ohne den Kunstgriff des geopferten Lamms, ohne die überraschende Wendung, ohne Stellvertretung.

Warum wieder an diese Schreckensvideos erinnern? Weil sie die spektakuläre Seite dieser Ästhetik der reinen Linie sind. Der Dschihadist träumt davon, der Fülle ein

Ende und das Unsichtbare wieder ins Recht zu setzen. Die einzige Zeichnung, die seine Hand vollziehen kann, ist eine Gerade oder eine Wellenlinie, die die Nacht in Dünen und Himmel teilt und die Geburt der Morgendämmerung durch einen von Hand gezogenen Horizont anbahnt. In diesem Universum kann man nur kalligrafierte Worte zeichnen und nur den Tod inszenieren. Das Nackte des Dschihadisten ist unendlich, geschlechtlos, entmenschlicht, Gott dargeboten wie ein Teppich aus Sand, entkörperlicht. Es ist ein Tintenstrich, ein beschleunigtes Ende der Welt, das Gott wieder zu seiner Einheit verhilft. Das Vielfältige ist der Feind Gottes und muss überall ausgelöscht werden. So wird mein fiktiver Abdellah das Abendland in seinen Museen schlagen müssen, die dessen Freiheit und dessen Leistungen beweisen. Das Abendland ist eine Frau, und diese Frau muss verschleiert werden.

DER STRAND

Das Museum ist wie ein Strand und Picassos Akte sind meine Freitags. Ich weiß nicht, ob er Körper oder Seele in ihnen gemalt hat. Daher kann ich beschließen, den Gemälden die Namen von Wochentagen zu geben: Samstag, Sonntag für *Nu couché* (Liegender Akt), Montag für *Femme à la fenêtre* (Frau am Fenster)… Hier ist alles Neuanfang. Der Schiffbruch meiner alten Kategorien, meiner Weltsicht, meiner Codes. Ich stelle es fest und bilanziere, was mir bleibt. Wenn ich als Kind in der Nähe meines Heimatdorfes über den Sandstrand lief, sah ich das Meer als eine Art Mantel mit Säumen aus Schaum, durch den Fische schwammen, die den Stoff von innen kräuselten und den das Gewicht von Seeungeheuern unterhöhlte. Eine alte Zauberwelt. Seitdem sind die Strände Algeriens so etwas wie ein Gitter, eine Klippe geworden: Hier endet die Abkapselung und beginnt die Möglichkeit der Flucht, hier kann man aufatmen oder sich aller Kleider und aller Gesetze meiner Kultur entledigen. In Algerien sind die Strände schön wie Fenster. Sie sind auch der einzige Ort, der zum Träumen übrig bleibt und Gelegenheit bietet, den Seinen den Rücken zu kehren, zu sich zu kommen und dem strapaziösen Kollektiv zu entrinnen.

Ich überarbeite meine Bestandsaufnahme im Musée Picasso: eine Frau, Büsten, Knochen, ineinander verkeilte Geschlechter, skizzenhafte Vegetationen, Spiegel … Ich habe eine lange Liste mit den Motiven des Malers, das häufigste im Menschenfresser-Zyklus ist der Strand. Ab dem Sommer 1932 ist der Strand gewaltig, leer und allgegenwärtig. Für diesen Maler ist der Strand ein anderer Körper. Er ist der Schauplatz vieler seiner Bilder, auf seinem Hintergrund entfaltet sich Marie-Thérèses Körper. Für die Bibel, für ihre strenge Kultur ist die Ewigkeit ein

Garten. Im Koran sind die Namen des Paradieses altpersisch. Daher hat sich die heidnische Metaphysik, die heute die Monotheismen überdauern will, an den Strand geflüchtet, der ein Ort der Begegnung, des Körpers, der Weite, der menschlichen Unendlichkeit ist, salzig und greifbar, Ort der Dünung und des Jods, eines bauchrednerischen Rhythmus, den die Wellen überdecken. Der Strand suggeriert Reglosigkeit, die Ungehorsam bedeutet, er schenkt Unschuld, Schwerelosigkeit, das Ende der Mühsal, die seit dem Sündenfall des Menschen Los ist. Sich in der Sonne zu bräunen, ist eine Belohnung vor dem Tod, das Paradies hingegen erlangt nur, wer stirbt. Das Sonnenbad ist eine ölige, lässige Rebellion, das Gegenteil der Strafe, die in der Antike über den Dieb des Feuers verhängt wurde. Man erfreut sich seines Körpers, zeigt ihn her, macht ihn zum Stolz, zum Glück seines Lebens. Der Körper ist das Gegenteil Gottes, das, was dem Göttlichen entgeht. Denn das Göttliche ist ewig, dem Körper hingegen eignet natürlicherweise die kurze Dauer, sein wunderbares Gift. Das sinnliche Bekenntnis zu unserem Menschsein nehmen alle Religionen unserer Breiten übel. Der Körper ist der Felsblock des Sisyphos. Ich stoße ihn jeden Tag einen Abhang hinauf, und jede Nacht wieder stürzt dieser Körper hinab in den Schlaf. Ich nähre ihn, ohne dass er je satt wird, lasse ihn ruhen, ohne je vollkommen Frieden zu finden, schütze ihn, aber entgehe nie dem Schmerz. Der Körper ist uns auferlegt, er ist unser unglückseliges Los, aber auch unser beneidenswertes, einzigartiges Schicksal. Dieser mythische Fluch ist nur in den Momenten ausgesetzt, in denen man sich niederlässt, um den Meereswellen zuzusehen, sich zu bräunen oder im Sommer im Schatten eines Baumes zu dösen. Deshalb hat die Moderne nach Abertausenden von Büchern über die Freuden des Paradieses den Strand wieder erfunden als den Ort, wo sich der Mensch sein Eden schafft. Ein Eden ohne Götter und Märtyrer. Ein *erreichbares Eden.* Der Strand wird in den Augen der Toten, der Götter und ihrer irdischen Repräsentanten, der Radikalen, die empörende Neuerfindung des Nackten. Am Strand ist Abdellah verwirrt, fühlt sich unwohl. Sein Körper wird schwer, ölig, drängt sich auf, sträubt sich gegen die Maskierung, die Bedeckung. Abdellah weiß nicht, was tun, also macht er den Strand zum Ort seines Trotzes, seines Duells mit dem Leben, seiner Wut und seines Krieges. Der heilige Krieg hat sich in meinem Land gegen die Strände gerichtet. Den Ort der Konfrontation zwischen dem Abendland und dem morgenländischen Wunschbild, zwischen Gott und seinem Geschöpf aus Blut und Sinnlichkeit.

Am 26. Juni 2015 spazierte der Mörder von Sousse, einem kleinen tunesischen Badeort, als Rächer, als Strafrichter beängstigend langsam über den Strand, bevor er aus nächster Nähe neununddreißig Menschen erschoss. In Albert Camus' *Der Fremde* beschreibt der Mörder des Arabers den Strand in einer Reihe wilder Metaphern als den Ort, an dem sich die Glaubensvorstellungen seines Jahrhunderts erschöpfen. Meursault ist ein Heiliger, der in die Salzhölle gefallen ist, und er tötet den Körper, dem er begegnet, den Körper des nackt daliegenden Arabers, der Flöte spielt, während sich in den Augen des Marodeurs mit der Pistole die Tragödie abspielt. Er tötet ihn. Das ist die große Konfrontation einer Idee mit dem Fleisch, die ewige und immer wiederholte Abtötung des Körpers. Meursault tötet diesen Körper und seine Gegenwart, sein Gewicht, seinen Schatten, seine Leichtigkeit, sein Recht, sich auszustrecken und Musik zu machen, seine Unverfrorenheit. In den Ferien, am Strand komme ich ohne die jahrtausendealte Hoffnung aus. Deshalb wird der Strand zum philosophischen Ort unseres Jahrhunderts. Dort wird getötet, gemordet, doch man entkleidet sich. Er ist das Ende der harten Arbeit, der Mühen, der Ort der Belohnung, das Chaos der Wonnen, der Raum der Herausforderung: Für das Abendland ist der Strand das Ziel des ganzen Jahres. Im Süden ist er der Ort seiner Grenze: Dort fühlt der Köper sich schuldbewusst, eingesperrt, weil daran gehindert, zu reisen, zu fliehen, ins Exil zu gehen, sich zu entfalten. Er ist der Ort des Müßiggangs, und deshalb wird er zur Zielscheibe der Radikalen.

Abdellah wird sich also in diesem Universum, das ihm widerspricht, gescheitert fühlen, mitsamt seinem Gott. Ihn wird nicht so sehr der Zustand der Welt kümmern, sondern der Zustand der Körper, das Problem des Bikinis, die Nacktheit, die Mischung der Geschlechter, die Frauen und die Unzucht und die Freizügigkeit. Bitter erinnere ich mich daran, dass die Islamisten in Algerien seit einigen Jahren am Strand beten gehen, um die Badenden einzuschüchtern, und dort Moscheen bauen, um die Hierarchie deutlich zu machen. Das Sichtbare, das heißt der Strand, ist ein Ort, der umstellt, kontrolliert, zerstört werden muss. Abdellah wird nirgends so schockiert sein wie am Strand. Das Nackte empört ihn mehr als der Leichnam. Denn der Strand besteht nicht aus Sandkörnern, sondern aus Körnchen von Haut!

Der Strand ist der Ort, wo Robinson Freitag begegnet, wo er von dessen Wildheit und Naturhaftigkeit schockiert ist. Er ist der Ort der Kannibalen und der Nacktheit. Der unendlichen Differenz. Die Hierarchie muss wiederhergestellt werden, und das wird sie zur Zeit Defoes durch die Überlegenheit des Bekleideten über den Nackten. Heute hat sich das umgekehrt: Zivilisiert ist der Nackte, der Bekleidete ist barbarisch. Der abendländische Körper ist jahrhundertelang gekreuzigt, ins Korsett, in steife Uniformen gezwängt worden, aufgeblasen von Eroberungen und Kolonisierungen, zum Weißen geworden durch den Vergleich mit den Rassen, »rassifiziert«. Er hat das ganze Jahrhundert gebraucht, um mühsam wieder zur Nacktheit zurückzufinden, zur Nacktheit, die jetzt ausgestellt wird. Nach seiner Entstellung in den Kriegen musste er auseinandergenommen werden, damit er in seiner Unmittelbarkeit, seiner Präsenz, seiner Ganzheit wieder erfunden werden konnte, so wie er sich dem Verschlingenden, dem Liebenden, der Liebenden darbietet. Seit jenem Jahr, in dem Picasso sie malte, hat die Nacktheit nach und nach den Strand zurückerobert. Auf seinen Bildern haben die Frauen schwebende, fliegende Körper, sie sind in den Lüften, spielen mit dem Sonnenball, ihre Formen sind entfesselt. Sie erleben Schwerelosigkeit oder Ertrinken und Rettung. Es wundert mich kaum, dass Picasso immer wieder auf das Ertrinken und die Rettung zurückkommt, auf die Dreifaltigkeit dieser zergliederten Frauen.

Der Strand ist der Ort des neuen Tempels, der Raum der Auferstehung des Körpers nach jahrtausendelangem Tod. Er ist auch eine Herausforderung, ein Schlachtfeld der Ideen, der theologischen Visionen und Radikalismen unserer Zeit. Der Strand wird zur Metapher unseres Jahrhunderts, wie es einst das Heilige Tal der Inkas, der Lost Continent, das Gelobte Land, die Insel des Schiffbruchs waren. Im Bild des Strands ist die große Schlacht der Ideen unserer Ära zusammengefasst. Er hat von der Ewigkeit die Gabe, Schwerelosigkeit zu verleihen, sich dem Körper zu schenken, ihn leicht zu machen, sobald er ins Wasser taucht. Dort rhythmisiert die Dünung die Zeit. Das Salz widerlegt den Tod, denn wenn man hineintaucht, stirbt man nicht, man öffnet in der Verschwommenheit die Augen, man schmeckt das Salz, spannt alle Muskeln seines Körpers zu einem Gebet der Anstrengung. Der ganze Himmel ruht auf dem Rückgrat. Das ist ein Jenseits, das nicht die Verwesung des Organismus voraussetzt. Eine schlichte Ewigkeit, die man hinter sich herzieht wie ein Handtuch. Selbst wenn es Nacht wird, ändert sich nichts außer den Maßen der Örtlichkeit. Das Meer vertieft sich in sich selbst, einen dunklen Sternenpanzer, der Sand wird grau und phosphoreszierend, der Körper fröstelt, erschauert, aber er ist nicht zum Sterben bestimmt. Nur dazu, auf die Wiederkehr der Sonne zu warten, ein Feuer anzuzünden, das Himmelsgewölbe zu betrachten.

Seltsamerweise ist der Strand der Ort von Abdellahs Obsession, aber deren Grenze ist das Meer. Über diese stille Metapher hatte ich ausführlich schon für Zeitungen geschrieben. In der alten Kartografie des arabischen Mittelalters sagte man »Meer der Finsternisse«, wenn es nicht überquert und benannt war. Es ist der Gegensatz zum Galopp der Pferde der arabischen Eroberer, die Linie, an der ihr Schwung sich bricht und zusammenfällt. Im Westen, von Mekka aus gesehen in Richtung des geografischen Abendlands, setzt das Meer dem Lauf der Streitrösser Allahs, den Arabern, die im Namen des Islam auf Eroberung ausziehen, ein Ende, sagt die Legende. Meinem Land haben sie den Namen Maghreb gegeben, das bedeutet Abenddämmerung, Ende des

Laufs, Grenze, da, wo die Sonne untergeht und die Nacht beginnt. In den Karten des IS ist das Meer vernachlässigt, man träumt nicht davon, es zu bekehren oder dort ein Reich zu errichten. Der IS gibt ihm gar keinen Namen, lässt es dunkel wie seine Fahne. Der Monotheismus war nie auf dem Meer. Man träumt davon, Andalusien, das Land Hams und den Sudan, das Niltal wieder zu erobern, aber nicht das Meer. Das Meer ist eine Ewigkeit, vor der der Proselyt die Augen senkt. Dort scheitert die Wüste. Das Meer hat im Koran auch wenige Namen. Es ist der Ort des Wunderbaren, des Abenteuers, des Untergangs und des Todes. In den Erzählungen dieses Mittelalters wird es beschrieben als Stürme, als Strafe für Jonas Trotz, als Finsternis und Prüfung. Das ist der angstvolle Bericht eines Reisenden, der Dünen gewöhnt ist, das Meer aus Sand, nicht das Meer aus Wasser. Das Meer ist ein Glaubensurteil, keine Freude. »Die Werke derer, die leugnen aber, gleichen [...] Oder Finsternisse[n] in einem Meer, einem tiefen, das Wogen bedeckt, über ihr eine Woge, über ihr eine Wolke. Finsternisse, eine über der anderen. Wenn er seine Hand ausstreckt, kann er sie kaum sehen (...)« (Koran 24:40)[2] Doch heute ist der Strand Spiegel des Körpers. Der Ort, wo er zu sich selbst kommt, seine Sterblichkeit stolz zur Schau stellt. Picasso malt den Strand als Quintessenz der Welt, die den Körper umgibt, als Fortsetzung des Aktes.

2 Sämtliche Zitate zitiert nach: *Der Koran*, vollständig und neu übersetzt von Ahmad Milad Karimi, Freiburg, Basel, Wien 2009.

MARIE-HURI

Marie-Thérèse ist wie eine Huri gemalt, doch eine Huri vor dem Tod. Die Huris sind jene ewigen Jungfrauen, die dem Gläubigen, dem Mann Gottes, in einem Paradies geschenkt werden, das sich ihm nach dem Jüngsten Gericht öffnet. Diese nach dem Tod verheißene Weiblichkeit ist in der Mythologie des Radikalen mächtig geworden und merkwürdigerweise heute, in der Ära von Youporn, weit stärker besetzt als im islamischen Mittelalter. In den Predigten wird sie auf tausenderlei Arten und in allen anatomischen Einzelheiten bis hin zu halluzinierten beschrieben. Es ist ein seltsamer Knoten aus Sex, Tod und Frustration. Als wäre der Radikalismus Resultat eines schallenden erotischen Scheiterns.

Die Huris werden im Koran und in der orthodoxen Tradition heraufbeschworen, und hier sollen sie die krankhafte Sexualität Abdellahs illustrieren. Unter seinem fiebrigen Blick ist Marie-Thérèse eine Huri schon vor dem Tod, und Picasso malt sie genau so, wie Abdellah sie sich erträumt: vom Fieber geschüttelt, ihr Leib mit den sie umgebenden Dingen vermischt, gesehen mit Augen voller Ungeduld und Gewalt, gebissen und doch in Ewigkeit jung. Marie-Huri wird im Moment unmittelbaren Begehrens des Malers dargestellt, in einer Art Ewigkeit, jungfräulich bei jeder Bewegung ihres Körpers.

Sie wird Tausende Male gezeichnet, in einem Strom des Verlangens, und in den Augen des Malers ist ihre Jungfräulichkeit immer wiederhergestellt. Die Huri wird als reglos, erstarrt in der Ewigkeit beschrieben, und sie erwartet den Belohnten, den Gläubigen, den Geopferten, den Schwert- oder den Teppichträger. Sie sitzt auf Kissen oder liegt in Gärten, sie hat riesige Augen, die ihr Gesicht verschlingen, in den Raum überströmen und die gewohnten Geometrien sprengen. »(…) Frauen, großäugige, wie Perlen, verwahrte, als Lohn für das, was sie stets getan«, heißt es im Koran (56:22–24).

Die Tradition beschreibt sie noch genauer: »Das Lid einer Huri gleicht dem Flügel eines Adlers«, sagt die alte Stimme der Verheißung. »Ihre Reinheit ist die von Perlen, die noch in ihrer Muschel sind und die noch keine Hand berührt hat.«

»Sie sind so fein wie die innere Haut des Eis. Ihr Teint ist weiß, ihre Kleider grün, ihr Schmuck geflochten. Ihre Weihrauchgefäße sind aus Perlen gemacht und ihre Kämme aus Gold. Sie sagen: ›Wir sind ewig und wir werden nicht sterben, wir sind die Glücklichen und wir kennen kein Elend, wir sind die, die bleiben, und wir gehen nicht fort, wir sind die Zufriedenen und wir werden nicht zornig. Glücklich der, dem wir gehören werden und der uns gehören wird.‹«

Das ist in einer Beschreibung, die so alt ist, dass sie wahr wird, der zu voller Pracht erblühende Körper von Marie-Thérèse. Eine surrealistische, durchsichtige Ode, in der Umarmung verschlungene Körper, Verknotung der Geschlechter und Formen. Picassos Frauen wohnen schon im Paradies. »Einer unter euch schläft mit zweiundsiebzig Gemahlinnen, die Allah erschafft, und mit zwei Gemahlinnen vom Stamme Adams, die besser sind als die ersten, weil sie im Leben hinieden Allah angebetet haben. Mit der ersten dieser beiden schläft er in einem Gemach aus einem einzigen Rubin, auf einem goldenen, von Perlen gekrönten Bett, das mit siebzig Mattenpaaren aus Damast und Seide bedeckt ist. Er legt seine Hand zwischen ihre beiden Schultern, dann betrachtet er die Stelle, wo seine Hand auf ihrer Brust liegt, durch ihre Kleider, ihre Haut und ihr Fleisch hindurch. Er sieht das Mark ihrer Beine, wie jeder von euch den Faden durch das Schilf der Rubine sieht. Beide spiegeln sich in der Leber des anderen. Solange er bei ihr ist, überwältigt weder ihn noch sie irgendein Ärger. Bei jedem fleischlichen Akt ist sie wieder Jungfrau und beklagt sich nicht über seine Umarmung, und er bleibt in der Erektion. Wenn er in diesem Zustand ist, wird er mit den Worten angesprochen: ›Wir wissen, dass deine Beziehungen keinen Ärger dulden, aber du hast noch andere Gemahlinnen.‹ Er geht und besucht jede von ihnen nacheinander. Jede von ihnen sagt, wenn er es vollbracht hat: ›Ich schwöre bei Allah, dass keiner im Paradies besser für mich und meiner Liebe würdiger ist als du.‹« Die *Femme à la ceinture jaune* (Die Frau mit dem gelben Gürtel) könnte sich in jenem Hadith wiedererkennen, den sogar seine Übermittler als seltsam bezeichnen: »Die großäugigen Huris sind aus Safran geschaffen.« Im Katalog der Verheißung werden genaue Einzelheiten hinzugefügt: »Die Huris kennen keinen Monatsfluss, keine Schwangerschaft, keinen Urin, keine Notdurft, weder Fürze noch Speichel. Alle Krankheiten der irdischen Frauen existieren bei den Huris nicht.« Ich bzw. mein Abdellah träumt von ihnen. Aber in einer merkwürdigen, krankhaften Umkehrung: Seinem Orgasmus geht kein Vorspiel, sondern der Tod voraus. Er muss seinen Körper verlieren, um den Körper der Begehrten zu berühren, eine absurde, monströse Vorbedingung. Marie-Thérèse existiert, aber im Jenseits. Hier, unter den Augen des Lebenden, muss sie vor ihrem Körper bewahrt werden, versteckt werden unter dem Vorwand der Verheißung, die sie verkörpert. In Palmyra wäre Picasso getötet worden wie tausend Andere. Von amerikanischen Militärs oder den Dschihadisten. Mein Abdellah wird als Leser des Korans und der Tradition auf die Ungeheuerlichkeit, die Opulenz, die Rundungen und Ecken, die Reglosigkeit und die Ewigkeit, die Transparenz und die Farbe in diesen seltsamen Gemälden des Verlangens prallen und darin die ersten Formen der begehrten Frau erahnen. Picassos Frauen sind also im Koran, wo die Gärten des Paradieses mit Körpern übersät sind, die sich in ständiger orgiastischer

Auflösung befinden. Dort ist das Stöhnen das Stöhnen der Lust. Von Frauen, die aus Safran und nicht aus schwerem Lehm geschaffen sind! Denn dieses Gewürz gilt als seltene Kostbarkeit. Der Mann ist nach der biblischen Geschichte aus Lehm geschaffen, die Huri jedoch aus Safran. Diese »Tradition« fasziniert mich. Sie mischt, ohne es zu wissen, Gemälde und Koranvers, Pinselstrich und Tod, vermischt Gewürz und Haut dieser Tag für Tag neu geborenen Fantasiefrauen, ewig jung und so fein wie die innere Haut des Eis, wie begeistert erzählt wird.

Für den Dschihadisten heißt Nacktheit also, die Zeit aufheben und all ihre Zeichen zerstören, überall die Wüste mit ihren Dünen verbreiten, die Frau in Dunkelheit hüllen, die Horizontlinie kanonisieren, sich entkörperlichen, um zu berühren, und sterben, um Lippen und Schultern zu küssen. Die Fülle, die Verschlingung, die Arabeske, das Bildhafte, die Explosion der Sinne und die Pfade des Fleisches sind erst nach dem Tod erlaubt. Im Diesseits muss der Körper rituell gereinigt und gewaschen werden, er ist der ganzen Liste seiner Unreinheiten, der Menstruation, den Körpersäften und unzüchtigen Handlungen unterworfen. Der Dschihadist ist überzeugt von seiner Unreinheit. Doch nach dem Tod ist der Körper jugendlich, ewig, unerschöpflich, schön und besänftigt.

DIE STEINERNE BRUST DER LEERE AUSGELIEFERT

Den Historikern zufolge ist es ein Werk von Francis de Saint-Vidant aus dem Jahr 1898, zur Zeit der französischen Kolonialherrschaft. Es steht nicht weit von einer Moschee und zeigt eine nackte Frau mit langem Haar, in den Händen zwei kleine Krüge, aus denen steinernes Wasser rinnt. Sie sitzt auf einem Sockel, der bis zu einem von einer alten Quelle gespeisten Springbrunnen abgestuft ist, die sich, so die Legende, in Sprudeln und Dampf verwandelt hat. Die Statue ist der Stolz der Stadt Sétif, ein Pilgerort für die Jünger der Selfie-Religion. Doch sie hat eine lange Geschichte und mehrere Tode erlebt. Am 22. April 1997 wurde sie von Islamisten gesprengt. Der Schock der Einwohner von Sétif war so tief, wird erzählt, dass die Statue dank einer kollektiven Anstrengung in nur zwei Tagen restauriert werden konnte. Das war mitten im Bürgerkrieg, und die namenlose Frau war ein Symbol für das, was an möglichem Leben inmitten der Gewalt noch übrig geblieben war, Zeichen eines inneren Widerstands gegen die Barbarei. Dann wurde sie zum Ziel von Predigten, die ihre Zerstörung forderten, zum Kampfplatz zwischen dem Gedächtnis des Landes und den neuen dunklen Mächten. Am 18. Dezember 2017 wurde ein Bärtiger dabei gefilmt, wie er ihr Gesicht und ihre Brüste mit Hammer und Meißel erneut zerstörte. Eine Tat mit allen Anzeichen des Wahnsinns, der den Islamisten beim Anblick des nackten Frauenkörpers befällt. Die Erregung darüber in Algerien war groß, aber an den Kommentaren in den sozialen Netzwerken war auch das Ausmaß des Schadens abzulesen: Tausende applaudierten diesem Wahnsinnigen und seinem Meißel, beriefen sich auf die Reinheit und Gottes Gesetz und rezitierten Koranverse und andere überlieferte Worte. Die Brunnenstatue markierte die Bruchstelle in der algerischen Gesellschaft und rief etwas Wichtiges in Erinnerung: Der IS ist nicht nur eine bewaffnete Gruppe, er ist auch eine Vision, eine Ästhetik, eine Kunst der furchtbaren Nacktheit. Das veranschaulicht ein Hadith, der in einem knappen Urteilsspruch zusammenfasst, was die Kunst im Licht eines Wahns ist, der gegen alle Differenzen wütet: »Lass keine Statue stehen, ohne sie zu entstellen, noch ein Grabmal, ohne es dem Erdboden gleichzumachen.« Diese Forderung führte zur Zerstörung der antiken Überreste im Irak und in Syrien, der Grabmäler der biblischen Propheten und der Mausoleen in Timbuktu. Das Bild des Bärtigen bei der Zerstörung der Statue in Sétif hat sich mir tief eingeprägt, es spiegelt wider, was aus der Kunst in den Händen derer wird, die jede Alterität töten. Die Frau aus Stein wird in ihrem weichen Fleisch angegriffen, weil sie eine Statue, eine Frau und weil sie nackt ist. Im Akt ihrer Verstümmelung verstümmelt das furchtbare Ungeheuer auch sich selbst, verwüstet die Weiblichkeit, die seine Seele ist, offenbart sein krankhaftes Verhältnis zum Begehren, zum Körper und zur Mutterschaft, zur Fortpflanzung, zur Fortdauer, zum Leben.

Die Tat hat eine alte Wunde wieder aufgerissen: Während des Jahrzehnts des Bürgerkriegs in den 90er-Jahren des letzten Jahrhunderts wurden nicht nur Lebende massakriert, die Dschihadisten »säuberten« das Land auch von seinen Zeichen. Sie brannten die Mausoleen nieder, zerstörten die Grabmäler auf den Friedhöfen, attackierten die Künstler, die bildliche Darstellung, das Porträt, und sie ermordeten Maler. Eine merkwürdige Krankheit in dieser erstaunlichen Epoche, Resultat der Verurteilung der alten Verbindung von Kunst und Darstellung. Statuen haben eine schlechte Presse, denn dieser dritte Monotheismus führte zum Sturz des Bildhaften, Dargestellten und zum Triumph des Unsichtbaren. Die Zeit vor dem Islam wird Epoche der Ignoranz genannt, *el Jahiliya*, der durch die Offenbarung ein Ende gesetzt wird, aber auch durch den Gründungsakt der Geburt eines Gottes und den Sturz seiner Rivalen, des Figurativen, des Porträts. Alle Ikonen der alten heidnischen Ordnung werden zerstört, und dies verschmilzt in den Köpfen mit den späteren Säuberungs- und Restaurationsaktionen. Nicht nur werden die Idole gestürzt, sondern auch ihre mögliche Wiederkehr wird strengstens verurteilt. In dieser tragischen und unterschwellig häretischen Verwechslung werden die Statue und die Darstellung – die Konkurrenz – als *Timthal* bezeichnet. Das Figurative ist Häresie und zugleich Idolatrie. »Haucht euren Bildern Leben ein, wenn ihr dazu fähig seid!«, werden die Künstler im Jüngsten Gericht aufgefordert. Das können sie nicht? Dann ins Feuer mit ihnen.

Die Auswirkungen dieses krankhaften Verhältnisses zum Bild und zum Abbild füllt heute allmählich überall die aufgeregten Spalten der Nachrichten. Ablehnung von Bildern und Karikaturen, Maler im Exil und die große Religion der Verleugnung, in der jedes Gesellschaftsporträt der »arabisch« genannten Welt als Gewaltakt, Komplott, Verrat erlebt wird. Die ideale Gesellschaft ist eine fantasierte Gesellschaft, von der sich nichts in der Realität widerspiegelt. Jede mögliche Darstellung wird vernichtet: die Darstellung seiner selbst, der Anderen, des Körpers und der Geschichte. Seit den 1990er-Jahren sind in Algerien die Statuen nackter Frauen nach und nach verschwunden. Gestohlen, abgerissen, zerstört, demoliert, verkauft oder über Nacht still und leise von den öffentlichen Plätzen entfernt worden. Es wurde nur selten bemerkt. Die Bilderstürmer verfuhren manchmal gewaltsam mit Hammer oder Dynamit, manchmal heimlich in einem nächtlichen Überfall.

Nicht, dass große Malerei bei uns unmöglich wäre – große Künstler werden geboren, erzählen von der Welt und schaffen sie immer wieder neu, machtvoll und genial –, sondern die eigentliche Tragödie ist, dass sie zugleich verboten und ununterdrückbar ist. Ist Kunst also in meiner Kultur unmöglich oder nur anders? Wovon ich spreche, ist nicht, dass es bei uns keinen Maler, keinen Porträtisten gäbe, sondern dass er in unserem Universum, unserer jüngsten Geschichte nicht respektiert wird. Er lebt in ständiger Dissidenz: Er ist kein Imam, sondern gottlos. Er ist ein Flüchtling. Er landet schließlich im Abendland, das ihn anschaut und befragt, ihm Beifall zollt oder ihn in die Zelle der Exotik sperrt. Hier entfaltet sich seine Andersheit, wird womöglich sogar begrüßt.

DAS FLIESSEN VON WASSER

Picasso soll versichert haben, die arabische Kalligrafie habe das höchste Ziel der Kunst erreicht. Von außen, von außerhalb meines Universums, sieht sie aus wie eine vollkommene Mischung von Wort und Sinnlichem, wie ein Ausdruck der Laute von Körpern. Eine erotische Kunst, ausgehend vom Bauch, dann zum Mund, weiter zur Zunge und schließlich zu den Augen sublimiert. Das ist der umgekehrte Weg des Orgasmus. Eine Erotik der

Schrift, die Bewahrung des Körpers innerhalb des Koranverses, der ihn der Unreinheit anklagen und verbrennen will. Im Lauf der Jahrhunderte hat die Kalligrafie allmählich die Züge des entkörperlichten und wieder verkörperten Nackten angenommen, des Schmachtens, der Ausstellung von Vlies und Erektion, Brust und Rundung, Schamhügel und Eichel. Sie wurde zur öffentlichen Heimlichkeit, blind machenden Ausstellung, zur listigen Andeutung des Körpers. Von außen gesehen ist sie eine Kunst, doch für mich, der ich aus dem Kulturkreis komme, der verbietet, was sie heimlich meint, ist sie mehr noch eine großartige Inszenierung des Krieges, den das Bild gegen das Dogma führt. Einbruch, Gegenangriff des Sinnlichen, Eindringen des Geschlechtlichen und Bildlichen hinter dem Rücken des Ritus und der Inquisition. Was die Hand nicht zeichnen durfte, hat sie geschrieben. Unter dem Vorwand des Koranverses schlich sich der Schriftzug immer näher an den Körper heran. Man zeichnet das Wort, das den Körper nur halb verbirgt. Das Wort verschlingt das Fleisch, aber was man in der Kunst der Kalligrafie durch die Tinte schimmern sieht, ist das Fleisch.

Die Kalligrafie zeichnet die Körper und die Lebenden, indem sie sie unterschlägt. Sie ist gewissermaßen heimlich bildhaft. Sie bedient sich des Alphabets, um zum seidenweichen und sublimen, unerträglichen, erzwungenen und schuldbewussten Kompromiss zwischen Bild und gezeichnetem Wort zu werden. Eine

Frau, die nur ihre Wimpern sehen lässt, mit dem Verbotenen spielt und das strenge Gesetz der Verschleierung unterläuft. Die Schrift windet sich, schwingt die Hüften und tanzt, stellt sich zur Schau. Sie ist der Striptease, der am ehesten der Steinigung entgeht. Man zeichnet also verschleiernd, nutzt den Text als Vorwand, um die Form zu zeigen, täuscht die Polizeibrigaden der Orthodoxie. Das ist alles, was das Bild sich in meiner Welt seit Langem erlauben kann, und es hat sich damit arrangiert. Doch das konnte Picasso nicht sehen. Er konnte den unterirdischen Weg nicht sehen, der die Richter täuschte, um Körper in Bewegung zu zeichnen. Direkt vor der Nase der Gottheit, wobei der Text der Koranverse und der Überlieferungen als Ausrede diente. Eine alte Geschichte erzählt, dass einer der großen Väter dieser Kunst nach und nach politisch in Ungnade fiel und ihm schließlich die Hand abgehackt wurde. Ibn Makla war im 9. Jahrhundert Wesir, Verwalter und vor allem ein genialer Kalligraf. Die Legende schreibt die erste Schrift diesem Perser zu, dem zuerst die Hand und später die Zunge abgeschnitten wurde. Eine faszinierende Verstümmelung, Spiegelbild dieser Kunst, die das Darstellungsverbot umgeht: Er befestigte ein Schilfrohr an seinem Armstumpf und erforschte weiter das erotische Zusammenspiel von Wort und Sinnen, das Hervorbrechen der Schönheit. Ein monströser Arm, der sich unbezähmbar weiter auflehnt und selbst dann Körper gestaltet, wenn sein Körper verstümmelt ist. Diese

Amputation fasziniert mich: Sie zeigt die Ununterdrückbarkeit des Verlangens, das den Menschen durchflutet und stets eine Nische, eine Höhlung sucht. In dieser Legende verdichtet sich die Tragödie der Kunst, des Künstlers und des Bildes: Der Künstler wird amputiert, was ihn nur dazu treibt, den Koranvers erst recht als Vehikel seiner Tänze einzusetzen; so wird das Sinnliche zum Heiligen Buch, um in der Sonne zu wandeln, und das Begehren schwillt im Zierbuchstaben, nimmt dessen Form an und verschlingt ihn, um endlich ans Licht zu dürfen. Für eine Weile. Sicher, die Miniatur hatte ihre Glanzzeit in der Geschichte der Meinen, doch die Kalligrafie war der tragischste Ausdruck jener Spannung zwischen der Darstellung und dem Gesetz, dieses wegen der Dynamik von Verführung und Übertretung notwendigen Versteckspiels. Für mich ist nicht so sehr die Miniatur, sondern die Kalligrafie erotisch.

KANN EINE FRAU IMAM SEIN?

Meine Nacht in diesem Museum ist ein Tête-à-Tête. Wie in einer Moschee, deren Vorbeter, der Imam, allerdings eine Frau ist. Der Tradition zufolge ist das undenkbar, Häresie. Eine Frau darf nicht vorbeten, denn sie ist einen Teil des Monats unrein, sie ist nur halb so viel wert wie ein Mann, und einem Mohammed zugeschriebenen

Hadith zufolge werden »Leute, die ihre Geschäfte und Reiche Frauen übertragen, zugrunde gehen«. Die Frau ist aus dem Mann geboren, der aus einer Handvoll Lehm und Wasser von Gott geschaffen wurde. Die Frau steht ganz unten in der Ordnung der Emanationen. Genau genommen ist der weibliche Körper eine Abzweigung von dem Weg, der zu Gott führt. Eine Ablenkung, eine Möglichkeit der Versteinerung. Sie weist spiegelbildlich auf den männlichen Körper zurück, auf sein Gewicht, sein Fleisch, seine Irdischkeit, sein Bedürfnis nach Boden. Sie kann nicht für ein Gebet, das heißt eine Entkörperlichung eintreten. Die Moschee mit ihrer Kuppel, ihrem nackten Teppich, ihren bilderlosen Wänden, ihrem Refugium und ihrer Gebetsnische, mit dem Altar der Predigten ist das Museum der Ewigkeit. Ihre Nüchternheit ist die Bedingung ihrer Metaphysik. *Zeichnen ist ein Gebet, in dem man sich mit einem Gott misst.*

In seinen Bildern erzählt Picasso die sehr lange Geschichte des Körpers im Abendland. Seine Kreuzigung, Stillstellung, Verwesung, seine Reduktion auf Stein und Traum, auf das Kreuz oder die Siesta, und wie er je nach Kanon der Epoche ausgestopft oder in ein Korsett gezwängt, entschleiert oder fetischisiert wurde, bis hin zu dem fünfzigjährigen Maler selbst mit seinem Hunger, genau in dem Moment, da er den Körper und sich selbst im Chaos des Begehrens malt. Das ist einer der starken Momente in der langwierigen europäischen

Eroberung des Rechts, den Körper in seiner Sexualität und im Orgasmus darzustellen. Lange Zeit war der Körper in der Darstellung nicht frei. Er wurde immer in Ideologien entsprechenden Posituren festgehalten oder auf das Porträt des Gesichts reduziert. Erst 1932 explodiert er, in diesem Museum. Hier wird die weite Bewegung des Begehrens, das Chaos des Orgasmus gemalt. Ein einzigartiger Moment. Selbst wenn er heute alltäglich geworden ist, war er eine geniale Revolution. Ebenso wie Gustave Courbets berühmtes Bild *Der Ursprung der Welt* und die Bocksprünge der Zensur bis heute. Hier ist die Frau Imam. Mit Macht.

Ich bleibe viele Stunden an diesem Ort, neben dem Raum der Wächter, die mir freundlich Kaffee bringen. In die Betrachtung der Schlaflosigkeiten dieses ungestümen Malers versunken, seiner Bilder, die seine sich nicht schließenden Lider sind, und ich denke über die Unmöglichkeit des Museums in meiner Kultur nach, was immer die Narzissten dort darüber sagen. Wieder und wieder lote ich diese Unmöglichkeit und ihre vielen Implikationen aus.

DAS PAAR IST DER FRÜHERE KÖRPER

Die Ausstellung des erotischen Jahrs ist ein Tagebuch. So wollte es ihr Schöpfer. In dessen eigenem Kannibalenmund ein Zyklus. Ein maßloses Mahl in all seinen Phasen. Zu Beginn des großen weißen Saals erstarre ich vor einem bedrückenden Bild, das mir zunächst eine Art Übelkeit einflößt. Es heißt *Figures au bord de la mer.* Ein riesiger Körper, animalisch in seinem Schwung, mineralisch in seiner Form, zusammengesetzt aus Phallischem und Rundungen, zwei gierig vermischte Wesen, auch wenn nur von einem einzigen, Marie-Thérèse, die Rede ist. Er ist das Paar, ein merkwürdiger Körper in flüchtigem Gleichgewicht, der auf zwei Kugeln ruht, Zeichen seiner Instabilität. Dieser Körper berührt sich, mit den Fingerspitzen, verschlingt sich oben, mündet in den Mund des anderen, verzehrt sich, füllt die Leeren zwischen dem Weiblichen mit dem kurzen Pferdeschwanz und dem Männlichen, das sich herabbeugt und im Kuss halb verschwindet. Konkav in seinem Begehren, konvex in der Darbietung des Körpers. Um ihn herum ist die Welt auf Striche und Flächen reduziert, eine wesentliche Dichotomie, die diesen ultimativen Körper trägt. Denn das Paar ist nicht die Begegnung zweier Körper, die unterschieden bleiben, sondern die Wiederherstellung eines dritten, vorhergegangenen. Er setzt sich in seiner ganzen Fragilität, in seiner ständigen Infragestellung durch die Gesetze der Schwerkraft und die Neigung zum Sinken, in seiner Bedrohung durch die Alltagsroutine zusammen. Seine Prekarität macht ihn zum Ort ständiger Anstrengung und notwendiger Hingabe. Ohne diese beiden Spannungszustände gibt es keine Umarmung. Er verbindet sich ständig wieder neu, verschmilzt immer wieder zu einem einzigen Körper. Dagegen organisieren sich alle Kräfte um ihn herum, um ihn auseinanderzubrechen: vor allem die Zeit, aber auch die jeweils herrschenden Gesetze. In meinem Land sehe ich diesen Paarkörper ständig in irgendwelchen Winkeln Zuflucht suchen, auf versteckten öffentlichen Bänken, besonders in Gärten wie in biblischen Zeiten. Dort suchen ihn auch die Polizisten und die Tugendwächter. Eine sonderbare Jagd auf den liebenden Körper, wie ich eines Tages geschrieben habe. Sie ist das Ergebnis der Ordnungsbesessenheit in den »arabisch« genannten Ländern. Eine zur Priorität gewordene Hetzjagd an allen öffentlichen Orten und Räumen, in Bildern, Filmen, Reden und in der Kunst. Restaurants sind geradezu stolz auf ihre Schilder »Espace familial«, will heißen, Hinterzimmer für »Familien«, für das einzig tolerierte, das verheiratete Paar, dem qua Ritus und Gesetz Absolution erteilt ist. Das Paar, dessen Sexualität durch ihre Funktion als Beitrag zur Fortpflanzung der Gruppe entschärft ist. Aber sobald sich dieser dritte Körper außerhalb der Ordnung wiederherzustellen versucht, einzig zum Zweck seiner Vereinigung, wird er zum Vergehen, zur Beleidigung, zum Angriff auf die guten Sitten. So sah ich ihn in den 90er-Jahren in die Dunkelheit der Kinos verschwinden, wo er schon beim Vorspann die Weltordnung vergaß und durch Streicheln und Küsse ersetzte. Nicht nur in Kinos verschwand er, die heute gar nicht mehr existieren: Eine regelrechte Strategie der Heimlichkeit ist nötig, damit dieser gemischte Körper überleben kann. Die von einem Freund geliehenen Wohnungsschlüssel, oft auch seltsamerweise französische Friedhöfe, wo man sich zwischen den Gräbern versteckt, um sich zu umfassen, oder verfallene Häuser. Der Mund verschlingt den anderen, aber das Ohr lauert auf das Geräusch von Autos, Polizisten oder Getrappel im Treppenhaus. Das Paar ist taub für alles außer dem Begehren, doch zugleich achtet es auf das geringste Geräusch von Sohlen auf der Erde, die es nicht verbirgt.

In Oran, das sich langsam zum Meer hinwendet, sobald man dem Zentrum entkommen ist, wurde im Osten ein lang gezogener Garten geschaffen, der kaum besucht, aber angenehm grün ist. Dort, hoch oben über der Leere und dem unendlichen Blau des Mittelmeers, wollten manche Leute öffentliche Bänke für müde Spaziergänger aufstellen, damit sie über den gigantischen natürlichen Balkon hinausblicken könnten. Nur hat der Landschaftsarchitekt boshafterweise die Bänke im

Boden verankert und mit der Rückenlehne zum Meer platziert. Ein Fremder, der unsere Kultur, unsere Komplexe nicht kennt, hätte das für ein Versehen gehalten. Man muss hier leben, im Land der Jagd auf Paare, um die Bedeutung dieser Geste zu verstehen: eine Vorsichtsmaßnahme, damit Liebespaare sich nicht in die Einsamkeit zurückziehen, sich umarmen, Unzucht treiben und so gegen die guten Sitten, gegen das Gesetz, gegen das Recht der Gruppe verstoßen können, das Recht, die Sexualität unter Beobachtung zu halten. Für mich waren diese Bänke lange das Zeichen, das Ziel, das Thema dieser Inquisition. Man muss sich das nur scheinbar monströse Paar auf Picassos Bild nachts oder in einem Keller, an unbeleuchteten Orten vorstellen, wo seine Züge mit der Dunkelheit verschwimmen. Das Paar ist ein Angriff auf das Gesetz des Einzigen, der dieses Paar überwacht und sich mit Koranversen einmischt, mit dem Ritus und der Pflicht, die Frau unter Vormundschaft zu stellen und das Band der Heirat zu bezeugen. Das Paar darf nur als öffentliches Wesen existieren, seinen Körper unter Tausende von Körpern im Landesinneren mischen. Der Körper des Paares – in der Ordnung des Sündenfalls der dritte oder der vorausgehende in der menschlichen Geschichte – ist in meinem Kulturkreis ein Flüchtling, beargwöhnt, ängstlich, gejagt, aller Verbrechen angeklagt und vom ersten Kontakt der Hände in einem Café an überwacht. Die Malerei, die Kunst ist die Verkündigung des Intimen, mit Recht wird ja von Ausstellung gesprochen. Wenn diese Intimität abgelehnt wird, ist jede Kunst Laster oder zur Einsamkeit verdammt. Die Künstler fliehen, verkleiden sich, werden getötet oder ins Exil getrieben. Sie werden zum Ausdruck der abgelehnten Freiheit. Bei Picasso finde ich diesen dritten Körper als Obsession wieder. Auch er versucht, diesen Körper wiederzuerschaffen, ihn als Naturgesetz der Gattung sichtbar zu machen, nicht als Unfall. Empfänglich für die Tragik des Paares, versuche ich in diesen Bildern herauszufinden, wie dieser Körper erlebt, begehrt und wieder in unserer Welt mit ihren Alltäglichkeiten, die uns in alle Winde zerstreuen, beheimatet wird.

Das anfängliche Paar Picassos ist nicht wie traditionell im Paradies dargestellt, denn dort ist es schon angeschlagen und brüchig. Nein. Es wird vor das Paradies gesetzt, in die Nacktheit einer Welt, die einzig aus den Elementen Wasser, Sand und Himmel besteht. Es ist im allerersten Moment, vor der Zeit da. *Figures au bord de la mer*, gemalt im Januar 1932, ist eines der schönsten Bilder dieses Jahres, eines der entkörperlichtesten und paradoxerweise zugleich eines der körperlichsten. Die Frau ist nicht mehr als ein einziger Körper, sondern als zwei dargestellt, satt, als hätte sie etwas verschlungen. Marie-Thérèse ist nie allein, sondern immer verdoppelt, von einer Verdopplung heimgesucht und durch die Augen eines Mannes gesehen, der unsichtbar ist – der

Maler –, von den Organen eines männlichen Anderen durchdrungen und schon schwanger. Das Paar ist bei diesem Maler ein Amalgam. Es kann nicht in der Unterscheidung existieren, nur in seiner Verzehrung. In der Biografie dieses Malers finden sich Belege für seine Besessenheit von der Wiederherstellung des uralten Paarkörpers: Als »Homme à femmes«, wie der gängige Ausdruck heißt, oder auch *homme fatal* sucht er sich von einer Leidenschaft verschlingen zu lassen, doch indem er seine Geliebten tötet, sie isst, sie bewohnt und dann verlässt, sodass ihnen nur noch Wahnsinn oder Selbstmord bleibt. Im Universum Picassos, im Universum dieses erotischen Jahres, sehe ich das Paar in vielerlei Gestalten: Für den Maler setzt sich das Paar aus einer Frau und einer satten Frau zusammen. Der Mann ist verschlungen, gegessen, verschluckt, er ist wachsam, unsichtbar in der Opulenz des gemalten Fleisches, der Bisse und Farben, er ist ein Spiegel. Das Paar ist die ganze Frau, die totale Frau. Ich betrachte lange *Figures au bord de la mer,* bei ihrem Anblick ruhe ich aus, stelle mir Befriedigungen vor, eine Art endlich wirklich gewordener Liebe. Ich mag die Ungeheuerlichkeit des Paares bei Picasso.

SIESTA

In diesem kannibalischen Akt muss man sich über die Anatomie hinwegsetzen, um den Geschmack des Fleisches zu genießen. Nicht der Blick zeichnet, sondern die Zunge. Um zu befriedigen, muss man instinktiv die Augen schließen. Sich in der Dunkelheit verlieren. Wenn es vollbracht ist, weidet sich der Fleischesser nicht an der Erinnerung, sondern an der Haut seiner Beute, an ihrer Zeichnung, ihrer Wiedererschaffung. Oft wird Marie-Thérèse auch schlafend, liegend, sich selbst überlassen gemalt. In diesem aller sexuellen Spannung entleerten Augenblick wird sie fast zur Trophäe, die der Maler in seinem Umkreis duldet. Für mich ist die Siesta der faszinierendste Moment überhaupt, denn ich verbinde mit ihr die Vorstellung von Befriedigung und Glück. Es gibt nichts Erotischeres als diese langen Augenblicke, in denen das Übermaß an Sonne die Intimität nicht beeinträchtigen kann. In dem Bild *La Sieste* vom August 1932 zeichnet der Maler Himmel und Erde in einem, kaum unterschieden durch die Horizontlinie, die von der Hüfte einer Frau, ihren Kurven, ihrem Volumen gebildet wird. Ein Berg aus Fleisch.

Die Siesta ist ein geheimnisvoller Moment. Sie ist nicht die Nacht, sondern eine Albino-Version der Nacht. Sie kommt nach der Liebe – und vor dem Tod. Für die Liebenden ist sie ein Epilog, ein starker Moment der vereinigten Körper, die ineinandersinken, vermischt sind, doch ohne die Muskelanspannung und ohne den Wunsch zu verschlingen. Die Siesta ist der vom Himmel gefallene *eine* Körper des Paares. In ihr findet er Ruhe, eine unverfängliche, von allen – Predigern oder Deutungsdiktatoren – akzeptierte Ruhe, es ist ein Augenblick der Gnade, der nicht den Himmel zum Ziel hat, sondern die Höhlungen. Religionen wie Diktaturen haben den Tod, den nächtlichen Schlaf, den Sex, die Begegnungen, die Versammlungen, sogar den Orgasmus gesetzlich geregelt, aber kaum je die Siesta. Für diese Stunde gibt es kein Gebet, und es müssen keine Diktatoren beklatscht werden. In ihr geschieht nichts. Die Erde ist rund wie der Körper. Die Erde ist flach und man legt seinen Kopf darauf, um das angegriffene Rückgrat auszuruhen. Die Siesta ist ein Feld für Liebende, für Umarmungen. Ich liebe diesen Sonnenmoment, diese leere Zeitspanne, in der die Gliedmaßen Finger sind. Das ist die Stunde der fleischlichsten Liebe, die Zeit der gestohlenen, angebissenen Frucht. Picasso malt Marie-Thérèse gesättigt und schlafend, und sich selbst als Wächter.

Der Moment der Siesta wird als endloser Epilog eines Zyklus erlebt: von der Verführung zu der Aufforderung, am Fenster zu posieren, dann sich auszuziehen, die Beine zu spreizen, sich darzubieten und schließlich selbst zu verführen. Marie-Thérèse wird in verschiedenen Posen gemalt, in denen sich die Momente der Verführung und des Annäherungsrituals ausdrücken. Das sind die Bilder im ersten Drittel des Jahres 1932. In den folgenden Bildern eine Eruption von Orgasmen, faszinierender Sinnlichkeit, anatomischen Obsessionen. Diese stürmische, fast verzweifelte, in ihren Zügen und Gesten cholerische Periode endet mit *La Sieste*, mit der Zufriedenheit, dem halben Lächeln der Frau. Hier sind alle Topoi der Liebe versammelt, und *La Sieste* bietet sich als glückliches, zugleich aber auch tödliches Ende dar: Die Frau hat den Mann verschlungen und gibt sich der lustvollen Erinnerung an Geschmack und Bisse hin. Die Siesta ist für den Körper des Paares die Verbindung zwischen Erotik, Tod und Ewigkeit.

Von einer Siesta träume ich zwischen den weißen Wänden des Museums, während allmählich kalt und grau der Morgen dämmert. Ich bleibe ein Mensch vom Mittelmeer, für den die Zeit anders vergeht als in anderen Gegenden. Hier, in diesem Moment, bringt mich die nächtliche Schlaflosigkeit, anders als die Siesta, ins Stolpern. Hier wird mein Körper ungeschickt, während er in der Siesta nur erschlafft. Hier scheint die Nacht meinem Körper etwas zu stehlen, denn ich gehe aufrecht umher, während man mit der Siesta die Dauer des Tages zu verlängern sucht. Für das Paar ist sie der Moment gleich nach dem Orgasmus, in dem es sich der Neigung zur stummen Kontemplation überlässt. Wie jedem anderen Mann hat mir die Siesta nach dem Sex den Genuss jeder Einzelheit des weiblichen Körpers beschert, die Auskultation der Hautporen, die Träumerei über die Epidermis. Jetzt jedoch erschöpft mich die Nacht, bringt mich mit ihren starken weißen Lichtern und ihrer Stille ins Wanken. Ich vernehme keinen Laut von Paris, das hinter den Mauern liegt. Ich stelle mir die täglichen Besucher vor, die Warteschlangen, das Stimmengewirr. Es gibt ein Feldbett gleich neben der großen Treppe, aber es lockt mich nicht. Ich wage es nicht, hier zu schlafen. Ich beginne, Sätze zu notieren. Mit Wörtern umzugehen, verleiht mir stets Sicherheit, ich habe dann das Gefühl, die Zeit zu beherrschen oder zu verlangsamen. In einer Stunde verlasse ich diesen Tempel der Sinnlichkeit.

DER GEMARTERTE KÖRPER

Die faszinierendste Serie dieser Ausstellung sind sicher die Tuschezeichnungen der Kreuzigung. Wir sind im September/Oktober des kannibalischen Jahres 1932. Picasso knüpfte an Matthias Grünewalds Kreuzigungsszene aus dem 16. Jahrhundert an und reduzierte sie auf die Knochen, das Wesentliche. Zwölf Zeichnungen, in denen er eine geniale Verbindung zwischen Orgasmus und Tötung, Körper und Leiden schafft. Das verblüfft mich, denn dadurch erhält Golgatha seinen meiner Meinung nach wahren Sinn. Als Kind der Religion des Koranwortes stehe ich der Szene einer Religion gegenüber, in der das Wort ein Körper ist, keine heilige Sprache, wie es das Arabische sein soll (als Sprache Gottes und der für das Paradies Auserwählten, des sich abschottenden Nationalismus und der Selbstbehauptung durch Ablehnung des Anderen). Ich sage mir, dass jeder Orgasmus, jede leidenschaftliche Erotik eine Qual ist, wegen des Unvollendeten, der Kürze des Besitzes, wegen der Frustration, der Passion. Wie alle Lebenden weiß ich, dass jede Liebesbeziehung mit dem Biss des Kusses beginnt, aber in echtem Schmerz enden kann, in der Simulation des Todes im Schrei, im Schmerz, den man dem anderen zufügt. Zwischen Beißen, Nägel-Einschlagen, Aufhängen, Vierteilen, Eindringen und Verehren, Küssen und Martern gibt es eine Verbindung, die man nicht wahrhaben will. Ein extremer, auf der Hand liegender und doch unpassender Gedanke, der mir bei der Betrachtung von Picassos Kreuzigungsserie einfällt. Ich gehöre nicht der langen christlichen Tradition an, ich kann mir die von diesem glaubenslosen Propheten gezeichnete Tötung unvoreingenommen anschauen: Diese Tat, diese Szene mag die ganze Geschichte des Körpers im Abendland durchziehen, aber nicht meine Erinnerungen, und so stelle ich mir eine frevelhafte Frage: Sind diese »Kreuzigungen« auch eine Darstellung der Erotik? Wenn ich die

Tuschezeichnungen in diesem Museum betrachte, bin ich geneigt, diese Frage zu bejahen. Denn bei Picasso wie in der christlichen Tradition gibt es das Bild der Qual, die Inszenierung des schmerzvollen Körpers, die Gabe und das Opfer, das Verschlingen und die Andacht. Ich bin nicht als Christ geboren, weder in der Kultur noch im Glauben des Christentums aufgewachsen, und der gekreuzigte Christus sagte mir nichts. Das Leiden dieses Propheten ist offengestanden mit einem entschiedenen Verdikt meiner Kultur belegt, dem zufolge das Christentum eine Religion der »Fälscher« ist. Der Koran beschreibt sie als ursprünglich reine Botschaft, die jedoch von Menschen und Priestern verfälscht wurde, und zwar von ihren ausgelöschten Anfängen an. Daher sind die Evangelien keine heiligen Bücher, sondern gefälschte heilige Bücher. Im Gegensatz zum Koran. Zudem ist der gekreuzigte Körper nicht der von Jesus, sondern der eines Doppelgängers, sagt der Koran: Gott hat Jesus im letzten Moment in den Himmel erhoben, bis zu seiner Wiederkunft, und seinen Körper durch einen Gemarterten ersetzt, den die Interpreten seit Jahrhunderten zu identifizieren suchen. Das ist eine zweifache Verurteilung: das Wort ist falsch und der Körper ist falsch. Der Körper und der Corpus, verschmolzen im selben Verdikt wegen Fälschung. In der Welt Allahs kommt man mit der Gewissheit zur Welt, dass das Christentum eine irregeleitete Version des ursprünglichen Islam, jener echten Religion ist, dieselbe altüberlieferte, reine Religion, die jedoch durch Verfälschung ihres Körpers und ihres Wortes entstellt ist.

Deshalb ist das Christentum in den Augen orthodoxer Muslime verdächtig und als wahre und offenbarte Religion entwertet. Sie ist zwar kein Heidentum, aber ein beschädigter Monotheismus: Das Idol ist verändert. Zur Zeit des Tempels war das Idol aus Stein, mit Christus ist es zum Körper geworden, bevor es sich im Koran als Buch offenbarte, der auch das Buch unveränderlichen Wunders genannt wird. Der jüdische Glaube wird als Verrat, das Christentum als Verfälschung, als falsch und Brauchtum von Falschen verdammt. Es ist eine Illusion, also ein Bild, eine Religion der Ikonen, Statuetten und Darstellungen, die den Betrug verschleiern sollen. Da nicht der echte Jesus gekreuzigt wurde, ist alles Übrige, auch die Kunst, nur Blendwerk. Das Abendland wird stets durch sein Christentum gesehen, und dieses durch jenes Verdikt, dem zufolge die Wahrheit darin durch Bilder verschleiert und verfälscht wird. So wird die Malerei im Christentum denn auch als Kunst betrachtet, während im »Süden«, im Planeten Allahs, die Wahrheit im Unsichtbaren liegt. Deshalb faszinieren mich die Kreuzigungen, wie Picasso sie sich vorgestellt hat. Ich betrachte sie nicht auf dem Hintergrund eines religiösen Glaubens, sondern ohne dazwischengeschaltete Symbole, nackt, als Windungen des auf den Ausdruck seines Schmerzes reduzierten Körpers.

Was gemalt wird, ist das Begehren, und das Begehren hat seine Träumereien. Es erträumt sich Marie-Thérèses Körper als üppiges Fleisch, als Krake, eine monströse Ansammlung von Knochen und Steinen oder, wie im Körper des Paares, als triumphierende Wiederherstellung des vorbiblischen Körpers. Doch Picasso malt auch die Qual des Körpers, seine Zergliederung, das Ausmaß seines Schmerzes, das heißt die andere Seite seiner Verzweiflung angesichts des Körpers, die andere Passion. Wie tut er das? Er kehrt zur Szene des größten Schmerzes im Gedächtnis des Abendlandes zurück, dem des gekreuzigten Gottessohns. Deshalb wird der Körper zerlegt und in seinem von innen erlebten Schmerz wieder zusammengesetzt, auseinandergenommen, um besser die Qual auszudrücken, von allen Illusionen, ja sogar vom Kreuz befreit, im schwerelosen inneren Schauspiel des Gläubigen schwebend. Das jedenfalls sehe ich in der Kreuzigungsserie vom Herbst 1932. Auf dem schwarzen Grund bleibt von dem schmerzenden Körper nur der Schmerz, der sich im Körper des Betrachters dieser unerwarteten Zeichnungen nachzubilden sucht. Marie-Thérèse ist immer noch da, aber sie leiht ihren Körper einer anderen, eher intensiven als überraschenden Meditation. Denn es besteht eine Verbindung zwischen den beiden Qualen: der des Gekreuzigten und seiner Passion und der der erotischen Passion. Es handelt sich um dieselbe Verzweiflung, vielleicht um dieselbe Unmöglichkeit. Zumindest könnte das Picassos Interesse an der Wiederaufnahme von Grünewalds Kreuzigung erklären.

Die Erotik führt an dieselbe Grenze wie der Glaube, nämlich zur Inbrunst. Das Kreuz ist hier die Szene eines anderen Verschlingens, es löscht die alten, gewohnten Dekors, reduziert aufs Wesentliche und malt den Körper in seiner Fülle, seiner Präsenz im Fleisch des Betrachters. Der Glaube ist das weite, innerliche Erfassen einer Vision, und genau so verfährt die Erotik. Picasso malt eine Qual. In meinen Augen steht er in der abendländischen Tradition, er führt die Malerei der beiden wesentlichen Körper dieses Kontinents fort: der Frau und des Gekreuzigten, Christi. Vielleicht hat es Jahrhunderte gebraucht, bis man sich die innere Verbindung zwischen beiden eingestand, obwohl sie einst in den ekstatischen Schreien der großen Mystiker schon zu ahnen war.

NEO-DREIFALTIGKEIT

Die Marter des Begehrens, die Passion. So würde es mein Abdellah empfinden, der ohne Vater noch Mutter auf einer einsamen Insel geboren ist. Und es wird ihn drängen, jedes Bild zu zerstören, nur um jede Verbindung zum Körper zu kappen. Denn das Bild verweist auf den Körper zurück und der Körper auf das Fleisch, und das

Fleisch mit seinen Kleidern, Riten, Tänzen, Gesängen, Gewürzen und Speisen ist eine Geschichte. Er wird also in seinem Verlangen, die Welt zu verleugnen und die Leere wiederherzustellen, jede Spur von Lebendem, jede Alternative zum Unsichtbaren zerstören wollen. Das Abendland ist ebendieser Körper im Glanz seiner erdrückenden und gewalttätigen Geschichte, in der Nacktheit der Strände und der Frauen in kurzen Röcken. Und in der Unmöglichkeit für Abdellah, die lange Geschichte dieses Körpers zu umarmen oder zu akzeptieren, gar zu lieben. Mein imaginärer Abdellah auf der Insel seines Schiffbruchs wird versuchen, diesen »Wilden« zu bekleiden, zu verschleiern oder zu töten, um ihn von seinem Körper zu befreien. Damit tötet er auch die ZEIT. Er rächt sich an diesem Körper, weil jeder Körper ein abendländischer Körper, ein Sturz in die Geschichte, eine langsame Anhäufung von Materie und Dunkelheit ist, zugleich dämmernd und intim. Der Orientalist sucht den ersehnten Körper in mir, dem Okzidentalisten, er, der heute ein Mörder oder Exilierter ist, sucht im Abendland den Körper, der in seiner Heimat unmöglich ist. Das ist eine blutige Geschichte voller Kriege, Missverständnisse, Faszinationen, Lügen und Reisen.

Was mein Abdellah also sehen kann, wenn er über die Kreuzigungszeichnungen meditiert (abgesehen von seiner Verachtung für die Erzählung von einem gemarterten Propheten, denn in unserem Glauben, daran muss erinnert werden, ist es ein gemarterter Doppelgänger, nicht Jesus), ist seine eigene Kreuzigung, sein Schmerz, der Schmerz dessen, der nach einem Körper sucht und keinen findet, der seinem eigenen Körper entfliehen will und das nicht kann. Er wird nicht malen, um sich auszudrücken oder zu befreien, doch er kann töten, denn das ist eine Art, das Gewicht seines Körpers zu leugnen, dessen Grenzen und Schwerkraft zu zerstören, zu beweisen, dass seine Stofflichkeit etwas Flüchtiges, Unreines, ein Unfall im Dahinfließen der Ewigkeit ist, ein vakanter Ort. In einem Koranvers heißt es: Gott ist im Innersten, »euch näher als eure Drosselader«. Damit wird die Scheidung zwischen Bewusstsein und Körper sanktioniert, eine Distanz geschaffen und das Körperliche zur Nebensächlichkeit einer Hülle gemacht. Abdellah glaubt also, wenn er seinen Körper mit Füßen tritt, werde ihm Gott verzeihen, ihm diesen Ballast, dieses tote Gewicht vergeben. Er wird sich zum Feind der Materie, des Fleisches, des Abendlands, des Geschlechts, der Kunst, der Andersheit ausrufen.

Das Abendland ist ein Körper, und seine Kunst ist der Körper des Körpers, die Anerkennung einer Ordnung, die im Widerspruch zu der Ordnung Gottes steht. Im Universum Abdellahs wird der Körper mit Wasser oder Sand, durch Tod oder Fasten gereinigt. Und er wird unrein durch Ungehorsam, Menstruation, Nahrung (vor allem die verbotener Speisen), Orgasmen, Defäkation und Urin, durch den Schlaf, die Nacktheit und die Kunst.

Der Körper kann sogar zum Belastungszeugen gegen das Individuum werden, Triumph der angekündigten Dissoziation, des Bruchs zwischen dem Selbst und dessen eigenem Fleisch. Die Bürde des Körpers ist keine Sünde, die man heilen kann, sondern eine Illusion, der Schatten eines Schattens, etwas Künstliches und Schweres. Der Körper ist das prekäre Vermögen des Reisenden, in das man nicht das ganze Erbe seiner Lebenszeit investieren sollte. Eine hartnäckige Idee, die den Genuss beschmutzt und die Erotik trübt. Abdellah wird davon träumen, durch tausend Rituale einen Gegen-Körper, den vollkommenen Körper herzustellen, den es nicht geben kann, und er wird sich, um dem Bild näher zu kommen, das er sich vom Gründungsvater macht, in dessen Gesten und Worte, Hadiths und Interpretationen kleiden. Er wird wollen, dass sein Körper himmlisch ist, seinem Eigentümer zurückgegeben wird. Der wahre Körper ist für nach dem Tod. Vor dem Sterben ist der Körper nur eine Illusion. Das ist eine entsetzliche Verkehrung, die man verstehen muss, will man den heutigen Wahnsinn verstehen.

Abdellah träumt von dem Moment, wo das Angesicht Gottes alle Dinge durch seine Schönheit vernichtet, verbrennt, die vermittelnden Bilder, die falschen Fährten auslöscht und den Körper auf die Erwartung der Auferstehung reduziert. So überliefert es die Tradition: Am Ende der Zeiten wird nur das Angesicht Gottes bleiben.

Mein Abdellah ist das Kind der drei Monotheismen, die in der Wüste, zur Stunde der Morgendämmerung oder des Dornbuschs zu dem Schluss gekommen sind, dass nicht das Fleisch, sondern der Sand die Ewigkeit ist. Abdellah, verloren, ausgelöscht, wütend, Träger erlittener und erträumter Gewalt, wird sein Los mit der Menschheit teilen wollen. Er wird töten und zerstören. Er wird davon träumen, auszulöschen, was ihn auslöscht. Das ist es, was mich so lange vor Picassos Kreuzigungen verweilen lässt.

Jeder Glaube ist ein Körper, der in der Falle sitzt, gekreuzigt ist.

»ES IST EINE TAUSENDFACH STRAHLENDE SONNE IM BAUCH«

Gegen Ende des Zyklus, Ende Oktober – für mich ist es vier Uhr morgens –, rührt Picasso ans Wesentliche. Er beginnt die Idee von einer ihn verzehrenden Frau zu akzeptieren, denn das ist der Paroxysmus seines Begehrens. Marie-Thérèse scheint beruhigt, gesättigt, mit einer riesigen Mahlzeit im Bauch. *Femme assise près d'une fenêtre* wirkt wie das Porträt einer Schwangeren. Der gebeugte Unterarm erweckt die Illusion eines runden, roten, warmen Bauchs, während alles andere in kalten Farben gemalt ist. Das Gesicht hat etwas Animalisches, fast Monströses, Beängstigendes, von dem man Abstand halten möchte. Die Zeit ist die des Wartens, und das Fenster spielt die Rolle einer Uhr. Marie-Thérèse ist satt, abwesend, ganz der Siesta hingegeben, aufmerksam nur für die Verwandlungen in ihrem Leib. Nichts mehr ist von dem Jäger übrig, der ganz und gar verspeist ist. Das war das äußerste Ziel des Fünfzigjährigen, der begriffen hat, dass die Paarung nicht genug ist für sein Begehren. Dass Malen eine aus Verzweiflung geborene Fähigkeit ist, die Herstellung eines Spiegels, in dem man ihn vage wahrnehmen kann, wie er um die junge Frau herumschleicht, sie unter tausend Winkeln abhorcht, um herauszufinden, wie er in ihr tiefstes Inneres vordringen kann. Er wird immer verrückter danach, und viele seiner Bilder grenzen ans Wiederkäuen. Er wiederholt sich ständig, macht endlos Skizzen. In den letzten beiden Monaten dieses Jahres offenbart sich ihm die Frau in merkwürdiger Gestalt: Sie ist nicht mehr Geschlecht, sondern vollendete Geschlechtlichkeit. Sie ruht aus, schwanger mit ihrem Geliebten, der sich in ihr vergraben hat, sie ist voll, Trägerin seiner Welt. Sie ist das Ei der Alchemisten, der wiederhergestellte Hermaphrodit gewissermaßen. Die Metamorphose des Mannes endet mit seiner Anverwandlung, seinem totalen Untergang in diesem Bauch. Im Dezember zeigt ein Ölgemälde ein faszinierendes Wesen: den Körper einer Frau, die sich selbst umarmt, nicht steril wie Narziss, sondern in der Erfüllung des Paares. Die Geschlechtsorgane sind so ineinander verschlungen, dass sie eine Einheit bilden. In der wirren Schönheit der Frau kann man schließlich entdecken, was vom verschlungenen Geliebten übrig ist: ein Penis, ein Geschlecht, eine Verlängerung ihrer selbst, ihres eigenen überflutenden Fleischs. In dem Gemisch ist der Geliebte kaum noch zu erkennen. Die Frau hat alles gegessen und ruht sich in der Siesta aus.

In *Nu couché à la mèche blonde* hat Picasso eine ersehnte Version seines Todes gemalt. Ein subtiles Ende. Eine Frau ruht sich, erfüllt und befriedigt, aus, lauscht den Geräuschen ihrer Haut. In ihrem Bauch rollt sich das Geschlecht eines Mannes zusammen, verschwimmt, wird zur Rundung. Das Gemälde zeigt eine wunderbare Befriedung, ein perfektes Ende. Oval, sphärisch, wie eine Wasserquelle. Der Körper ist mit Linien umrissen, aber er bleibt durchsichtig für die Farben seiner Umgebung, wie Wasser. Das Gesicht ist das eines Paares, aber auch das einer einzelnen Person. Dieses Wesen ist zugleich von hinten und von vorne, von innen und im Gegenlicht der übrigen Welt gesehen. Ich könnte es stundenlang betrachten, als folgte ich den rauen Strichen mit den Fingerspitzen. Die Frau ist fast tastbar, stofflich, leuchtend. Es ist das Bild einer Erfüllung. Ein Jenseits.

»MAN MÜSSTE DEN MALERN DIE AUGEN AUSSTECHEN«

Die Liebe ist in ihrem gesamten Zyklus von Gegenständen umgeben: Colliers, Blumen, die in einem Glas verzweifeln, Stoffen, Schlüsseln, Kamm, Taschentuch, Fläschchen, Baumstämmen und aufgeschlagenen Büchern auf den Knien, aber zuallererst Spiegeln. Man soll sich darbieten, also betrachtet man sich, verschönert sich, korrigiert manches, man soll auch die Liebe erleben, abwechselnd als Liebender und als Liebende, man versucht sich in beiden Rollen. Man sieht seinen Körper als Marionette des eigenen Begehrens und des Begehrens des Anderen. Alle Frauen haben während der Verführung einen Spiegel bei sich, in der Handtasche oder im Kopf. Jeder Mann sieht darin einen schrecklichen Abgrund, eine Falle oder vor dem Orgasmus vergeudete Zeit. Picasso benutzt ihn, um seine Beute stillzustellen, davon bin ich überzeugt. Marie-Thérèse ist nie so reglos, wie wenn ein Spiegel ihr Bild zurückwirft. Der Spiegel kommt auch in Märchen vor, in Geheimzimmern, in mystischen Metaphern, die erklären sollen, warum die Welt erstrahlt und warum Gott unsichtbar ist (die Welt ist der zerbrochene Spiegel, in dem das zersplitterte Bild eines Gottes aufscheint). Er benutzt ihn, bis er darin verschwindet. Picasso malt auf der Haut des Mädchens seine eigenen Spiegelungen. Seine Bilder sind die Einwegspiegel seiner Obsession. Das erinnert mich an das schöne Gedicht eines großen andalusischen Mystikers aus dem 12. Jahrhundert, Ibn Arabi, niedergeschrieben im *Chant de l'ardent désir:*

Ich staune über den Verliebten, dessen
Schönheit
Sich in Blumen und Gärten widerspiegelt!
Und ich sage zu ihr: »Staune nicht über den,
den du siehst,
Was du gesehen hast, bist du selbst im Spiegel
eines Mannes!«

Dann kommt der Sessel. Das ist eine vage mütterliche Gestalt. Eine reglos sitzende Frau, eine Frau, die wartet, auf ihre Art reist, sich verzehrt, verzehrend wird. Sie wird konkav, Höhle, gerundeter Leib, Geduld und Wächterin über unseren zu ahnenden Körper. Die hingestreckte weibliche Nacktheit: Präambel oder Epilog. Je nach den Stunden des Bisses. Die Nacktheit ist die angehaltene Zeit, die Aufhebung von Codices und Gesetzen, Nabelschau des Universums. Die nackte Frau ist nicht ihr eigener Körper, sondern das Spiegelbild eures Körpers. Sie ist ein Selbstporträt, denn das Selbstporträt ist eines der höchsten Stadien der Liebe, eine ihrer Gestalten. Die Quelle lächelt euch zu und glättet ihr Wasser, damit ihr euch betrachten könnt.

Die Mandoline, das Instrument, die Früchte: In den Stillleben ist alles reglos, nur die Zeit nicht. Die Zeit scheint zu fließen, während im Gemälde des Moments alles angehalten ist. Das Stillleben ist die Erfindung der Opulenz, Stadium des gestillten Hungers auf den Anderen, das zweite Reich des Appetits, nachdem das Fleisch verschlungen ist.

Das Fenster: es ist der bevorzugte Gegenstand der Liebe, der Erotik nach der Befriedigung. Es ist das Paradoxon des Begehrens: Da das Fenster keine Tür ist, kann es auch nicht Reise sein, sondern Meditation. Betrachtung der Unmöglichkeit, die Welt zu erfassen. Die Rollen haben sich umgekehrt: Die Erde reist, der Mann oder die Frau sind reglos. Das Fenster ist ein Paradox für die Liebe: Ich bin offen und eingeschlossen, ich reise, aber rühre mich nicht, der Körper ist eine Öffnung, jedoch eine Schwelle, die ich nicht überschreiten kann, ich überwache die Straße.

Was sind in meinem Leben, meiner Kultur, meinem Land die Accessoires der Liebe, der Erotik? Der Friedhof: in den sittenstrengen Dörfern flüchtet man sich dorthin, um zärtlich zu sein, die Hand am Busen und ängstlichen Blicks, oder um lauen Wein zu trinken. Dann das Fenster der immer verschlossenen Häuser, in denen die Frauen auf Lebenszeit eingesperrt sind: Das Fenster enthauptet die Frau, trennt ihren Körper vom Geschlecht, ihren Kopf von den Händen, schneidet sie entzwei, fixiert sie in der Geometrie hölzerner Winkel und löscht ihre Rundungen aus. Dann ist da noch das Auto als Raum für Sex: Die Liebe, der Sex ist ambulant mangels eines sicheren Ortes, einer Wohnung, des Zugangs zu Hotels, zum öffentlichen Raum. Er wird flüchtig, weil der Orgasmus zum Nomaden wird. In meiner Erinnerung als Algerier ist Sex nicht nur angstvoll, sondern auch mobil, rutschig, er sucht die Schatten und toten Winkel der Stadt. Er muss strategisch vorgehen: Wenn man das Glück hat, die Schlüssel zu einer Wohnung zu haben, muss man als Erster kommen, allein und vor der begehrten oder begehrenden Frau die Treppe hinaufgehen, die Tür öffnen und sie angelehnt lassen. Die Geliebte folgt mit gesenktem Kopf und einem Korb in der Hand, um den Eindruck zu erwecken, sie mache einen Verwandtenbesuch oder sei einkaufen gewesen. Während der Liebe darf man nicht zu laut stöhnen, denn das Land hat riesige Ohren. Nach dem Orgasmus muss man sich sehr schnell trennen, man darf sich auf den Caféterrassen und in der Öffentlichkeit nicht berühren. Aber gerade an seiner gespielten, übertriebenen Gleichgültigkeit gegeneinander in der Öffentlichkeit ist ein Paar leicht zu erkennen. Man muss Winter spielen, um den Sommer seiner Sinne zu verbergen. Man muss totes Fleisch verkörpern. Nach der Liebe gibt es keine Siesta, oder nur sehr selten. Es gibt nur ein langsames Manöver, um die Leidenschaft hinter harmlosen Gesten unsichtbar zu machen, das Paar trennt sich wortlos und verliert sich in der Menge, aber mit der Sicherheit, sich so bald wie möglich wiederzusehen.

DIE GENESUNG

Die Ewigkeit dauert nur fünf Sekunden. Das wissen wir alle seit der Pubertät. Der Gipfel der Pyramide ist ein einziger Stein, spitz und verletzend. Der Orgasmus ist Auflösung, dann kommt man wieder zu sich. Der Sex ist der wahre Stein des Sisyphos, und das Fleisch ist der Berg. Sisyphos müht sich ab, stößt, um sich endlich ausruhen zu können, doch er erreicht nur Flüchtiges. Er beißt und umarmt, die Geliebte wird in seinen Armen schwer, seufzt, sie isst ihn und er isst sie, stürzt nach jeder Liebkosung jedoch wieder hinab, erhält Risse bei jedem Auf und Ab, zerbricht aber nie, im Gegenteil vervielfacht sich. Dieser verhängnisvolle Ablauf ist eine wilde Gesetzmäßigkeit. Deshalb gibt man ihm Namen, erfindet Märchen und Riten, sogar Gesetze dafür. Die Frau ist der kostbare Stein des Sisyphos. Picasso und sein Jahrhundert gestehen und malen das schreckliche Bild dieses Kannibalismus, die mythische Mechanik dieses von allen ersehnten Todes; die Frau wird jetzt in ihrem ganzen Mysterium offenbart, im Gegensatz zur Jungfrau, die durch Gebet und Glaube entsexualisiert ist. Die unbefleckte Empfängnis, die sich der Monotheismus vorstellt, ist die heimtückischste Zensur des Geschlechts. Hier befleckt die Frau durch ihren Körper alles. Doch die Erotik ist das älteste Gesetz der Welt.

Bald wird Paris erwachen, die heilige Nacht zu Ende gehen. Picassos Malerei, aber auch seine Wildheit machen ihn zum Genie. Sein Kannibalismus ist ein alter Ritus, älter als er selbst, aber er hat ihn verkörpert und sichtbar gemacht. Seine Kunst besteht unter anderem darin, dass er in diesem wilden Jahr das Selbstporträt revolutioniert hat. So ist es nicht mehr der lächerliche Spiegel des Egos, sondern ein fantastischer, ungeheuerlicher Narzissmus, der über das Porträt des Anderen verläuft. Einfach? Nein. Man muss begreifen, dass es um das Porträt des Anderen genau in dem Moment geht, in dem er gepackt, zur Falle und Beute wird, verschlungen wird und verschlingt. Ungeschickt und nur annähernd entdecke ich, dass Picasso das Muster bestimmter Momente erfasst hat, die Erotik in ihrer Bewegung, nicht in ihrer Mechanik. Die gemalte Frau ist nicht mehr Ort der Projektion des Begehrens, sondern im Strudel des Besitzes erfasst, in der Entspannung nach dem Orgasmus. Picasso malt darin das Begehren von uns allen: Sich ins tiefste Innere des Anderen zu vergraben, zu verschwinden und darin aufzugehen. Er malt sich als Gott, nicht im Gigantismus des Selbstporträts, sondern im Schaffensakt: Er erschafft die Frau von ihrer Vulva, ihren Knochen, ihrem Fleisch, von der Besessenheit aus, die sie hervorruft, neu. Ist er genesen? Befriedigt oder verzweifelt? Das Gemälde vom Dezember, *Nu couché à la mèche blonde*, ist in meinen Augen ein Juwel. Die Skizze des höchsten Begehrens: sich in den Tiefen des Anderen einzunisten und zu vergehen. Eine in sich geschlossene Geschlechtlichkeit wiederherzustellen. »In der Sonnenstadt – schwebend zwischen Zeit und Ewigkeit, zwischen Leben und Tod – sind die Einwohner mit kindlicher Unschuld bekleidet, wenn sie zur Sonnengeschlechtlichkeit gelangt sind, die mehr noch zirkulär als androgyn ist. Eine Schlange, die sich in den Schwanz beißt, ist das Sinnbild dieser in sich geschlossenen Erotik, die vollkommen ist. Dies ist der Gipfel der menschlichen Vollkommenheit, unendlich schwer zu erobern, schwerer noch zu bewahren.« Das ist ein Auszug aus *Freitag oder Im Schoß des Pazifik* von Michel Tournier.[3] Als Illustration dieser Zwillingshaftigkeit stelle ich mir gern jenes Gemälde vor.

Am Ende frage ich mich: Kann die Kunst meinen Abdellah von seiner verlorenen Lust auf die Welt heilen? Von der Gewalt in ihm, die in der Zerstörung Erleichterung zu finden glaubt? Ich bin ein Kind jener Welt, in der die Erotik Schweigen ist und der Körper nicht geliebt, sondern erlitten wird. Das führt zu bodenloser Traurigkeit und wirkt sich auf den Status der Frau aus, auf Tanz und Schauspiel, auf das Recht auf Orgasmus und das Recht,

3 dt. von Herta Osten, Frankfurt am Main 1982, S. 9.

einen Bikini zu tragen oder als Paar im Sonnenlicht spazieren zu gehen, auf Glück und Freiheit. Was in meinem Land frappiert, ist der Tod der Lust auf die Welt. Eine Art Groll gegen das Lachen und die Kunst, ein Argwohn, der Gesetze und die Inquisition hervorbringt. Das kulturelle Elend in der »arabisch« genannten Welt ist die sichtbarste Seite des sexuellen Elends, das Elend der Lust auf die Welt. Ich habe mich oft gefragt: Woher kommt diese Wut, die uns daran hindert zu leben und dazu treibt, den Rest der Welt für unsere Leiden verantwortlich zu machen? Von der Unfähigkeit, zu erfinden? Von der Religion? Von den politischen Regimes, die ja nur mit unserer Zustimmung zustande kommen? Von der Erinnerung an die Kolonisation, die zu unserer Entschuldigung und Rente geworden ist? Von der Ohnmacht angesichts der Moderne und ihrer Werkzeuge? Von der Demütigung, dass wir nicht mehr das Zentrum der Welt sind? Von alldem zugleich. Ich träume von Befriedung, von der Möglichkeit, selbst das Zentrum das Welt zu sein. Es ist früh. In einer Stunde werden Millionen von Augen aufgeschlagen. Ich danke meinen Gastgebern, sammle meine Essensreste ein, nehme meinen Rucksack und gehe ein Taxi suchen. »Die heilige Nacht« endet mit dem Geklapper von Läden, die hochgezogen werden. Bald wird Paris sich in ein betäubendes Mühlwerk verwandeln. Ich lasse meinen durch Schlaflosigkeit und seinen Glauben abgestumpften Abdellah in den Museumssälen zurück. Wird er alles zerstören, um seinen Gott zu »retten«, oder wird er zu seinem Körper zurückfinden, der das Einzige ist, was ihm zu lieben und geliebt zu werden erlaubt? Mit jedem Tag verändert sich die Antwort. Ich verlasse dieses Experiment fast begeistert: Ich wusste, dass ich recht hatte, als ich als Heranwachsender in meinem Dorf zu dem Schluss gekommen bin, dass die Erotik die älteste Religion, dass mein Körper meine einzige Moschee und die Kunst die einzige Ewigkeit ist, deren ich sicher sein kann.

Das Buch

In seinem neuen Buch »Meine Nacht im Picasso-Museum« beschäftigt sich Kamel Daoud mit den Themen Erotik, Religion und Radikalismus. Er hat dafür eine Nacht im Pariser Picasso-Museum verbracht. Herausgekommen sind hochinteressante Betrachtungen aus verschiedenen Perspektiven: der des Westens und der eines erfundenen Islamisten namens Abdellah.

Kamel Daoud, Autor des Bestsellers »Der Fall Meursault – eine Gegendarstellung«, lässt sich für eine Nacht im Picasso-Museum einschließen und riskiert einen Blick auf das Verhältnis des großen Malers zur Erotik, zur Kunst und zur Philosophie des Westens. Mit dabei ist Abdellah, ein junger islamistisch geprägter Mann, den Daoud sich ausdenkt und dessen Gefühlswelt angesichts der westlichen Zurschaustellung von Nacktheit und Diesseitsbezogenheit er ebenso beschreibt wie seine eigene. Ausgehend vom Begriff der Nacktheit entwickelt Daoud einen faszinierenden Text über das Kunst- und Selbstverständnis des Westens, aber auch über den Gedanken der »Reinigung der Geschichte« und der kulturellen Konkurrenz in der sogenannten arabischen Welt. Er erklärt, warum das westliche Kulturverständnis ebenso wie das Frauenbild einem fundamentalistisch geprägten Menschen wie dem prototypischen Abdellah als Provokation erscheinen muss. In der Gegenüberstellung dieser Gedankenwelten von Orient und Okzident, eines Orients, der verschleiert und maskiert, und eines Westens, der enthüllt und die Nacktheit feiert, liegt die Stärke dieses literarischen Essays, in dem Daoud aber zugleich auch immer die eigene schöpferische Tätigkeit reflektiert.

Der Autor

Kamel Daoud, Jahrgang 1970, arbeitete lange als Journalist für den *Quotidien d'Oran* und andere Zeitungen. Heute lebt er als Schriftsteller mit seiner Familie in Oran. Für seinen ersten Roman »Der Fall Meursault – eine Gegendarstellung« wurde er von der Kritik gefeiert und unter anderem mit dem Prix Goncourt du Premier Roman ausgezeichnet. Das Buch wurde in 28 Sprachen übersetzt.

Die Übersetzerin

Barbara Heber-Schärer übersetzt u. a. Werke von Dominique Manotti, Leslie Kaplan, Claude Lanzmann und Lyonel Trouillot.

Aus Verantwortung für die Umwelt hat sich der *Verlag Kiepenheuer & Witsch* zu einer nachhaltigen Buchproduktion verpflichtet. Der bewusste Umgang mit unseren Ressourcen, der Schutz unseres Klimas und der Natur gehören zu unseren obersten Unternehmenszielen.

Gemeinsam mit unseren Partnern und Lieferanten setzen wir uns für eine klimaneutrale Buchproduktion ein, die den Erwerb von Klimazertifikaten zur Kompensation des CO_2-Ausstoßes einschließt.

Weitere Informationen finden Sie unter:
www.klimaneutralerverlag.de

MIX
Papier aus verantwortungsvollen Quellen
FSC® C014496
FSC www.fsc.org

Verlag Kiepenheuer & Witsch, FSC® N001512

1. Auflage 2020

Titel der Originalausgabe Le peintre dévorant la femme

Aus dem Französischen von Barbara Heber-Schärer

Covergestaltung Barbara Thoben, Köln
Gesetzt aus der Minion Pro
Satz Buch-Werkstatt GmbH, Bad Aibling
Druck & Bindung GGP Media GmbH, Pößneck
ISBN 978-3-462-05331-9